Lukas Fries-Schmid

Hör auf zu helfen

LUKAS FRIES-SCHMID

Hör auf zu helfen

Ohnmacht als Tor
zum göttlichen Geheimnis

echter

Meinen Begleitern, die mich unter anderem die Freiheit des Glaubens gelehrt haben:

P. Theo

Josef

Christian

Carlo

Br. Beat

Der Umwelt zuliebe verzichten wir bei diesem Buch auf die Folienverpackung.

Bibliografische Information der Deutschen Nationalbibliothek

Die Deutsche Nationalbibliothek verzeichnet diese Publikation in der Deutschen Nationalbibliografie; detaillierte bibliografische Daten sind im Internet über ‹http://dnb.d-nb.de› abrufbar.

2. Auflage 2024

www.echter.de

Umschlag: Vogelsang Design (Foto: © Shutterstock)
Innengestaltung: Crossmediabureau
Druck und Bindung: CPI books – Clausen & Bosse, Leck

ISBN
978-3-429-05752-7
978-3-429-05215-7 (PDF)
978-3-429-06570-6 (ePub)

Inhalt

Vorwort

Glauben hat zwei Aspekte. Die Theologin Dorothee Sölle hat diese beiden Aspekte mit „Mystik und Widerstand“[1] bezeichnet, Frère Roger, der Gründer der Gemeinschaft in Taizé, mit „Kampf und Kontemplation“[2] und der heilige Benedikt mit „ora et labora – bete und arbeite“. Wenn ich das in eigene Worte fassen sollte, so kann damit der eher nach außen gerichtete praktische Alltag und die eher nach innen gerichtete religiöse Praxis mit persönlichem Gebet, gemeinschaftlichem Gottesdienst und geistlicher Lektüre gemeint sein. Das Entscheidende dabei in meinen Augen: Diese beiden Aspekte sind nicht voneinander zu trennen. Glauben ist nicht bloß inniges Gebet, sondern auch tätige Liebe. Das bedeutet, dass Glaube für mich zwingend auch sozial, gesellschaftskritisch und politisch ist. Umgekehrt bedeutet es, dass Glaube eben auch mehr ist als soziales, gesellschaftliches oder politisches Engagement.

So jedenfalls erlebe ich es auf dem Sonnenhügel, meinem Lebens- und Wirkungsort. Die sichtbare Seite meines dortigen Lebens ist das soziale Engagement für Menschen, die an den Rand geraten sind und als Gäste zu uns kommen, um einige Zeit in unserer Gemeinschaft mitzuleben. Die weniger sichtbare Seite ist diejenige, aus welcher sich dieses Engagement nährt.

Es ist mir wichtig, diese beiden Aspekte zu Beginn dieses Buches klar zu benennen. Denn der Titel und das Buch an sich könnten sonst leicht zu Missverständnissen führen. Es ist keineswegs meine Absicht, ein frommes, weltabgewandtes Buch vorzulegen, mit dessen Hilfe wir unser Untätigsein rechtfertigen könnten. Wer mich kennt, weiß, dass ich Helfen – oder wie ich treffender sagen würde: soziales Engagement – als absolut erstrangige christliche Tugend betrachte. Selbstverständlich gilt es, jegliche Not mit allen uns zur Verfügung stehenden Mitteln zu verhindern oder, wo uns dies nicht möglich ist, wenigstens zu lindern. Das ist höchst politisch und gesellschaftlich relevant.

Die Art und Weise, wie wir dies auf dem Sonnenhügel tun, ist in den Augen mancher ziemlich radikal und insofern für manche eine Provokation. Lohnverzicht und das bewusste Aufheben der Grenze zwischen Beruf und Privat sind zwei Stichworte dazu. Ich habe diesen Lebensort und diese Lebensform gewählt, weil ich mit dieser Art des Engagements bewusst auch Stachel sein möchte im Fleisch der gegenwärtigen gesellschaftlichen (und kirchlichen) Realität.

Nicht weniger wichtig ist mir dennoch der andere, der weniger sichtbare Teil meines Alltags auf dem Sonnenhügel: die Kontemplation, die Mystik, das Gebet. Ich halte diesen Teil für unverzichtbar für mein soziales Engagement. Weil ich damit mein Engagement bewusst in einen größeren Zusammenhang stelle. Tätige Liebe allein ist mir nicht genug, weil wir damit an Grenzen stoßen. Es ist mir zu einfach, an dieser Grenze Halt zu machen. Ich würde dies als Kapitulation empfinden. Auch in diesem Punkt kann man mir eine gewisse Radikalität vorwerfen. Aber ich würde es schlicht nicht ertragen, wenn ich an jenem Punkt kehrtmachen müsste, wo ich keine Antworten mehr weiß. Vielmehr beginnen mich dort die Fragen zu interessieren. Denn aus diesen Fragen entstand und entsteht das Leben, und auf diese letzten Fragen hin – und eben nicht auf die Antworten – zielt das Leben.

Das klingt abstrakt, ich weiß. Wohl deshalb, weil dieser eher nach innen gerichtete Aspekt des Glaubens schwierig in Worte zu fassen ist. Er ist sehr persönlich. Trotzdem möchte ich es wagen, nach Worten zu suchen für das Unaussprechliche, nachdem ich von außen für dieses Buch angefragt worden bin. Ganz wie die Reaktion Jesu auf die Frage von zwei seiner Jünger, wo er wohne: „Kommt und seht!“ (Joh 1,39).

So ist dieses Buch am Ende persönlicher geworden, als ich es zu Beginn gedacht hätte. Aber eigentlich ist das nicht sehr verwunderlich: Es will keine abstrakte Reflexion sein, sondern es geht darin um spirituelle Erfahrungen. Dabei kann ich nur von meinen eigenen Erfahrungen berichten. Und das ist persönlich, mitunter sehr persönlich. Mit aller Behutsamkeit gebe ich also manches von mir preis.

Man wird mir vorwerfen, dass manche Abschnitte ziemlich absolut daherkommen. Auch das überrascht mich im Grunde wenig. Ich weiß, dass ich immer dann eine radikale Haltung einnehme, wenn mich etwas in der Tiefe betrifft oder berührt. Ohnmacht als Türöffnerin zur Erfahrung Gottes ist kein Thema, das mich gleichgültig lässt, sondern eines, wofür ich letztlich mit meiner ganzen Existenz einstehe. Ich bitte also darum, mir meine Radikalität nicht als Rechthaberei, sondern als existenzielles Ringen auszulegen.

Ich bin sehr dankbar, dass mir viele verschiedene Menschen dieses Buch ermöglicht haben. Es war nicht zuletzt auch für mich eine willkommene Gelegenheit zu reflektieren, was ich lebe und wie ich es lebe. So danke ich Franziska Loretan Saladin für die Einladung, auf feinschwarz.net über den Sonnenhügel und unser pastorales Konzept zu berichten. Dieser Bericht wurde zur Initialzündung für dieses Buch. Ein weiterer Dank gilt allen in meiner Gemeinschaft, die mir die notwendige Zeit zur Verfügung gestellt haben, allen voran Elisabeth Staubli. Sie und andere haben oft an meiner Stelle geputzt, gekocht oder gejätet, während ich am Schreiben war.

Ich danke Theres Spirig-Huber für die langjährige engagierte Begleitung unserer Gemeinschaft als Supervisorin und ihre Rückmeldungen ganz am Anfang dieses Buchprojektes. Sie lieferte mir wertvolle Hinweise, wie dieses Buch Gestalt annehmen könnte. Sylvia Stam, Rolf Steiner und Alfons Fries bin ich dankbar, dass sie das Manuskript vorab gelesen und mir hilfreiche, kritische und wohlwollende Rückmeldungen gegeben haben.

Mein größter Dank gebührt meiner Frau Sandra Schmid Fries. Eigentlich gehörte ihr Name auch in die Autorenzeile. Weil so vieles, was auf den folgenden Seiten als meine eigene Reflexion daherkommt, auf unseren gemeinsamen Erfahrungen gewachsen ist. Seit vielen Jahren teilen wir die Verantwortung für den Sonnenhügel. Wir haben gemeinsam Lehrgeld bezahlt und uns gemeinsam gefreut über Erreichtes und Geschenktes. Wenn es auch wie eine Plattitüde klingen mag: Ohne sie wäre ich nicht da, wo ich bin, und könnte kein solches Buch schreiben, weil mir ihre Reflexionsfähigkeit, ihre konstruktive Kritik, ihre Ermutigungen, ihre eigenen befruchtenden Erfahrungen und nicht zuletzt das gemeinsame Ringen und Feiern im Glauben echt fehlen würden. Vieles, was ich im Folgenden schreibe, haben wir wirklich zusammen durchlebt, durchdacht und durchdiskutiert. Trotzdem haben wir uns entschieden, dass nur mein Name darunter stehen soll. Weil sie andere Themen und Schwerpunkte setzen würde als ich. Wir haben einen je eigenen Blick auf das gemeinsame Engagement. Und das ist gut so. Dafür bin ich dankbar.

Sonnenhügel – Haus der Gastfreundschaft
Schüpfheim, im Januar 2022

Einleitung

Schon ist mein Blick am Hügel, dem besonnten,
dem Wege, den ich kaum begann, voran.
So fasst uns das, was wir nicht fassen konnten,
voller Erscheinung, aus der Ferne an –

und wandelt uns, auch wenn wirs nicht erreichen,
in jenes, das wir, kaum es ahnend, sind;
ein Zeichen weht, erwidernd unserm Zeichen …
Wir aber spüren nur den Gegenwind.

Rainer Maria Rilke

Ohnmacht ist kein gutes Gefühl. Sie fühlt sich eng und beklemmend an. Warum stelle ich sie dann trotzdem in die Mitte meiner Betrachtungen? Aus zwei Gründen: Erstens ist sie unausweichlich. Wir alle erfahren Ohnmacht. Es lohnt sich also, sich zu überlegen, wie wir damit gut umgehen können. Zweitens ist Ohnmacht nicht etwa das Ende der Sackgasse, als das sie sich oft anfühlt, sondern der Beginn von etwas ganz Neuem, etwas ganz anderem. Ohnmacht hat die Kraft, uns zu verändern. Ohnmacht kann eine wichtige Türöffnerin sein, welche uns für die Gegenwart des Ewigen durchlässig macht.

Bis dahin ist es ein gewisser Weg. Denn vorerst bleibt es dabei: Ohnmacht ist kein gutes Gefühl. Darum halten wir sie so schlecht aus. Wir weichen ihr aus oder versuchen sie mit aller Macht zu beseitigen. Damit wären wir bereits mitten im Thema: Auf *Ohnmacht* antworten wir gerne mit *Macht*. Aber Macht ist – zumindest aus spiritueller Sicht – keine gute Antwort auf Ohnmacht. Das möchte ich mit diesem Buch ausloten.

Unsere eigene Ohnmacht anerkennen

Ich nähere mich diesem Thema über die Erfahrung von Menschen, die Hilfe brauchen, und solchen, die bereit sind, Hilfe anzubieten. Dabei erliegen wir einem häufigen Missverständnis: Wir glauben, dass diejenigen, welche helfen, Macht haben, während die anderen, welche Hilfe benötigen, ohnmächtig sind. Noch etwas einfacher ausgedrückt: Wir meinen, solange wir auf der Seite der Helfer seien, gehe uns Ohnmacht nichts an. Ohnmacht ist das Problem der anderen, der Hilflosen.

So einfach ist es aber nicht. Vielmehr ist es ein großes Problem, wenn wir, oft ohne es zu merken, durch unsere Hilfe Macht ausüben. Denn wir tun das aus dem einfachen Grund, *dass wir uns selbst ohnmächtig fühlen.* Nur sind wir uns dessen selten bewusst oder wagen es kaum, dies zuzulassen. Treffen wir auf einen Menschen in einer verzweifelten Lage, bringt uns das selber in Bedrängnis. Einerseits müssen wir erkennen, dass auch wir mit unserer Hilfe unter Umständen ans Ende unserer Möglichkeiten kommen. Zum anderen erinnert uns die Gegenwart eines Hilflosen daran, dass sich das Leben ganz allgemein – und damit auch unser eigenes Leben – über weite Strecken unserem Einfluss entzieht. Uns allen widerfahren Dinge, die wir nicht steuern können.

Da ist sie also wieder, diese Ohnmacht, die wir so schlecht aushalten. Nur ist es diesmal unsere eigene Ohnmacht. Dieses unangenehme Gefühl versuchen wir in aller Regel so schnell wie möglich wieder loszuwerden. Dabei wählen wir mit Vorliebe einen Weg, den ich *die Abkürzung über die Macht* nenne. Ohnmacht macht uns ja bewusst, dass wir keine Macht haben, das heißt, dass wir keine Kontrolle über eine Situation haben und dass wir sie nicht aus eigener Kraft verändern können. Mit aller Macht – und das meine ich durchaus wörtlich – versuchen wir daher, das Heft wieder in die eigene Hand zu nehmen und die Lage unter Kontrolle zu bringen. Wir wollen auch das selber lösen, was man aus rationaler Sicht gar nicht lösen kann. Wenn wir aber unsere eigene Ohnmacht vermeiden wollen und daher zu Machtmitteln greifen, so überschreiten wir die Linie zum Missbrauch der Hilfsbedürftigen.

Helfen mit Macht ist Missbrauch

Ich weiß, dass das eine harte Feststellung ist. Denn für sich genommen sind weder Macht noch Hilfe etwas Negatives. Wir alle haben Macht, selbst dann, wenn wir uns ohnmächtig fühlen: Unser Geschlecht, unsere finanziellen Verhältnisse, unsere Rolle, unser sozialer Status, unsere Bildung, unsere Fähigkeiten – alles das verleiht uns in der einen oder anderen Weise Macht. Entscheidend ist, wie wir diese Macht gebrauchen. Selbstverständlich sollen wir unsere Möglichkeiten jederzeit dazu verwenden, Leiden zu verhindern oder zu lindern. Man möge mir dieses Buch also bitte nicht so auslegen, als plädierte ich dafür, die Hände in den Schoß zu legen und nichts zu tun. Unsere Macht, also das, was wir tun und bewirken können, überträgt uns die Verantwortung, gut damit umzugehen.

Zu dieser Verantwortung gehört jedoch auch, die eigenen Grenzen anzuerkennen. Darum ist Macht nicht die Antwort auf jede Not, weil wir mit der Abkürzung über die Macht oft lediglich versuchen, unsere eigene Ohnmacht zu ignorieren. Es gibt Situationen, in denen etwas anderes als Macht gefragt ist. Das Machbare ist keine abschließende Antwort. Wir können noch so viel tun, es bleibt immer ein Rest Ohnmacht. Wenn wir diesen Rest ignorieren, begeben wir uns auf einen Irrweg. Dieser führt zu Überheblichkeit, Selbstüberschätzung und Missbrauch. Weil wir dann letztlich den Menschen, der bei uns Hilfe sucht, dazu missbrauchen, unsere eigene Ohnmacht nicht aushalten zu müssen. Das ist im Übrigen ein auch von Seiten der Psychologie anerkanntes Muster. So schreibt die Ärztin und Traumatherapeutin Luise Reddemann: „Gerade Menschen in helfenden Berufen trauen denen, denen sie helfen wollen, oft nicht genug zu. Eine psychologische Erklärung dafür kann sein, dass sie sich selbst damit aufzuwerten versuchen. Und möglicherweise deshalb ihre eigenen Grenzen, für die sie Verantwortung tragen, nicht wahrnehmen können."[1]

Das Tor zur Ewigkeit öffnen

Aus spiritueller Sicht sehe ich einen großen Wert darin, uns unserer eigenen Ohnmacht gegenüber zu öffnen. Denn diese verweist auf das ewige Geheimnis, das viele Gott nennen. Vielleicht ist Ohnmacht keine passende Bezeichnung für das, was ich meine, weil sie zu starke negative Gefühle weckt. Unverfügbarkeit wäre ein anderes Wort dafür. Wir können erkennen, dass Gott selbst unverfügbar ist. Gott können wir nicht „machen", und wir können nicht erzwingen, ihm zu begegnen oder ihn zu erkennen. Alles, was Gott schafft, ist ebenso unverfügbar. Und zwar einerseits alles Schöne und Beglückende. Damit meine ich nicht das kleine Glück, das wir uns im Warenhaus zu kaufen versuchen, sondern das wahre Glück: Gesundheit, Liebe, Sinn, Zugehörigkeit. Umgekehrt gibt es leider allzu viel Erschreckendes und Bedrohliches, das wir ebenfalls nicht abwenden oder verhindern können. In einem gewissen Sinne ist auch dieses unverfügbar. Oder wie es Ulrike Wagner-Rau, eine Professorin für Praktische Theologie, schreibt: „Überraschend ist es, dass wir überhaupt leben. Unausweichlich ist es, dass wir irgendwann sterben. Und zwischen diesen beiden Polen liegt vieles, das uns widerfährt, ohne dass wir es planen und kontrollieren können, dem wir durch Zuwendung, Bildung, Erkundung und Handeln einen Weg bahnen, aber das sich letztlich so und nicht anders zeigt – anders als das, was geplant war. Ohne dieses überraschende Moment gäbe es nichts Neues auf der Welt."[2]

Darum wendet sich dieses Buch nicht ausschließlich an professionell Helfende. Es befasst sich mit einem allgemein menschlichen Thema: Uns zu unserer Ohnmacht hinzuwenden kann uns öffnen für Überraschungen, für neue, ungeahnte Lösungen, für Wege, die wir nicht „machen" können. Es sind die Überraschungen Gottes, die durch das Tor der Ohnmacht in unser Leben treten. Das ist die christlich-spirituelle Sichtweise, aus der ich dieses Buch schreibe.

spirituell, christlich, kontemplativ

Damit habe ich die erste wichtige Ausgangslage für dieses Buch erwähnt: Es ist keine wissenschaftliche Abhandlung und auch kein psychologischer Ratgeber. Ich habe es aus einer spirituellen Haltung heraus geschrieben. Dabei kommt mein christlicher Erfahrungshintergrund zur Sprache, auch wenn ich überzeugt bin, dass dieses Thema bei weitem nicht ein ausschließlich christliches Thema ist, sondern auch in anderen Traditionen und Religionen eine bedeutsame Rolle spielt. Aber das näher auszuloten wäre Stoff für ein anderes Buch.

Um es noch konkreter zu formulieren: Die Ausgangslage für dieses Buch sind meine Erfahrungen auf dem Sonnenhügel, einem Haus der Gastfreundschaft in Schüpfheim in der Schweiz.[3] *Hier lebe ich mit meiner Familie in Gemeinschaft mit weiteren Frauen und Männern und begleite Menschen in Ohnmachtssituationen.*
Das Konzept dieses Hauses ist denkbar einfach: Eine generationenübergreifende Gemeinschaft lebt verbindlich einen gemeinsamen, klösterlichen Rhythmus. Unsere Kernaufgabe ist es, Gäste aufzunehmen, die sich für ein paar Tage, Wochen oder Monate zurückziehen möchten. Diese Gäste suchen einen Ort mit einfachem Lebensstil, der ihnen hilft, wieder mehr in Beziehung zu sich zu kommen. Mit diesen Gästen zusammen gestalten wir den Alltag: gemeinsame Mahlzeiten, tägliche Arbeit in Garten, Haushalt und Werkstatt, teilweise auch gemeinsame Freizeit und persönliche Begleitgespräche – das volle Leben also mit all seinen Facetten. Zu diesem vollen Leben gehört für uns und jene, die eine spirituelle Auseinandersetzung mit den eigenen Themen suchen, auch die Möglichkeit für Stille und Gebet.[4]
Viele Gäste kommen in einer akuten Krise auf den Sonnenhügel. Sie sind psychisch belastet oder aus irgendeinem anderen Grund in

eine Notlage geraten. Bewusst teilen wir unsere Räume und unsere Zeit mit diesen unseren Gästen. Das zeichnet diesen Ort aus. Zum vollen Leben gehören halt auch die widerborstigen und dunklen Zeiten. Sowohl für die Gäste, welche aufgrund einer aktuellen Krise mit uns leben, als auch für jene, welche ohne äußere Not eine individuelle Auszeit bei uns gestalten, gilt: Rückzug und Neuorientierung sind selten eitel Sonnenschein oder spirituelle Wellness. Dessen ist sich die Gemeinschaft bewusst und richtet ihren Alltag danach aus. So haben darin auch Menschen Platz, welche sich hilflos fühlen. Sie suchen eine Struktur, welche ihnen Halt gibt. Diese versuchen wir ihnen zu geben. Nicht weniger, aber auch nicht mehr. Absichtlich und mit vollem Bewusstsein versuchen wir, ihnen nicht zu helfen im klassischen Sinn. Vielmehr geht es darum, gemeinsam die Ohnmacht auszuhalten und uns so für die Überraschungen zu öffnen, die da kommen mögen.

Wenn ich vom spirituellen Blickwinkel aus dieses Buches schreibe, so ist mir die Haltung der Kontemplation wichtig.[5] Sie geht davon aus, dass die Gegenwart des göttlichen Geheimnisses jederzeit gegeben ist. Jederzeit bedeutet auch: ohne Vorbedingungen. Nicht nur, wenn ich mich „richtig“, das heißt gottgefällig, benehme. Insofern brauche ich die Liebe Gottes weder zu verdienen noch zu rechtfertigen – und auch nicht zu fürchten. Das Einssein ist die Wirklichkeit; das Gefühl des Getrenntseins eine Illusion.

Dies ist im Übrigen nicht bloß eine spirituelle Feststellung. Zu dieser Erkenntnis kommt etwa auch die Quantenphysik: „Die neue Physik bestätigt, was die mystischen Wege der Religionen immer schon wussten: Es gibt nur das Eine. […] Auch die Quantenphysik sagt uns heute, dass es keine getrennten Teile gibt. Alles ist ins Unendliche ausgestreckt und im Hintergrund miteinander verbunden. Jedes Atom ist mit jedem Atom in diesem Universum verbunden.“[6] Oder mit den Worten des Sprechers im Planetarium, welches wir kürzlich mit unseren Kindern besucht haben: Wir sind aus derselben Materie geschaffen wie die Sterne. Mit jedem Atemzug atmen wir Sternenstaub. Wir sind im Universum und das Universum ist in uns. Zurückübersetzt in eine christliche Sprache: Aus dem Einssein mit der göttlichen Wirklichkeit empfange ich mein Leben mit jedem Atemzug neu.

Der kontemplative Weg hilft mir, dieses Einssein immer wieder zu erkennen und immer wieder daraus zu leben. In diesem Einssein werden wir verwandelt „in jenes, das wir, kaum es ahnend, sind“, wie Rilke im eingangs zitierten Gedicht schreibt. Unsere Ganzheit und unser Heil sind also bereits in uns. Aber sie sind oft verschüttet und zugedeckt. In der Erfahrung der Ohnmacht suchen wir immer wieder die Abkürzung über die Macht. Diese führt aber nicht zum Ziel. Sie ist höchstens unsere unreflektierte Antwort auf den „Gegenwind“, den wir spüren. Durch Stille und meditatives Gebet hingegen kann ein Weg eröffnet werden zu jenem innersten Kern, der unversehrt ist und aus dem heraus sich unser Leben mit jedem Atemzug neu fügt.

Diese kontemplative Haltung erlaubt uns, unsere Grenzen zuzulassen als Teil unseres Lebens, für den wir uns nicht entschuldigen und gegen den wir uns nicht verteidigen müssen. Ja, mehr noch: In der Kontemplation geht es nicht nur darum, Grenzen zuzulassen, sondern sie geradezu gutzuheißen – oder sie wenigstens gut sein zu lassen. Grenzen gehören zu unserer menschlichen Existenz. Sie sind nicht nur lästig oder hinderlich, sondern auch Chance und Tor zu dem, was jenseits unserer Grenzen und Möglichkeiten liegt.

Insofern ist Ohnmacht ein wesentlicher Bestandteil des kontemplativen Wegs. In der Stille geht es gerade darum, nicht alles selber machen zu wollen und nicht mit Mitteln der Macht zu agieren, sondern unsere Ohnmacht einzubinden und uns ins Vertrauen einzuüben. Uns dem größeren Geheimnis zu überlassen, das uns liebt und das daher für uns und für alle das Gute will. Ihm dürfen wir uns anvertrauen. So ist Ohnmacht mehr als bloß ein notwendiges Übel, welches wir erkennen und anerkennen müssen für die Einhaltung unserer Professionalität. So wird Ohnmacht zum Tor und zur Quelle einer größeren Wahrheit, welche unser enges Denken und Verstehen übersteigt.

Zu diesem Thema passt es in meinen Augen, eine Reihe poetischer Texte und kurzer Zitate an den Anfang der einzelnen Kapitel zu setzen. Diese modernen Psalmen, wie ich sie auch zu nennen pflege, leben wie alle Dichtung von der Ver-Dichtung und von Auslassungen: Das Wesentliche wird oft nicht genannt. Es ist nur angedeutet und blitzt da und dort zwischen den Zeilen auf. Das scheint mir eine wichtige Voraussetzung für das Verständnis dieses Buches zu sein: Ich versuche über etwas zu schreiben, das sich eigentlich nur um-schreiben, aber nicht be-schreiben lässt. Worte allein können das Thema nicht erfassen. Es ist wie mit dem Gottesnamen, welcher nach jüdischer Tradition nicht ausgesprochen werden kann. Wir können das Unendliche nicht beim Namen nennen, weil es sich uns entzieht, sobald wir es festzuhalten oder festzuschreiben versuchen. Gott ist unverfügbar. Das weckt bisweilen ein Gefühl der Ohnmacht in uns. Gerade in diesem Unverfügbaren liegt aber ein wertvolles Geheimnis. Moderne Psalmen, wie wir sie auf dem Sonnenhügel oft in unseren Gebetszeiten lesen und hören, sind für mich eine wichtige Quelle, diesem Geheimnis auf die Spur zu kommen.

Ich werde nicht an allen Stellen ausdrücklich auf den Auftakt-Text eingehen, geschweige denn eine eigentliche Interpretation desselben liefern. Das wäre wiederum Stoff für ein separates Buch. Der eine oder andere Leser, die eine oder andere Leserin wird aber vielleicht vom einen oder anderen Text angesprochen, ja vielleicht fließt die eine oder andere Zeile sogar in das persönliche Gebetsleben ein und eröffnet einen persönlichen Zugang zu einem all-mächtig-ohn-mächtigen Gott. Mir geht es jedenfalls auch darum, transparent zu machen, aus welchen Quellen sich meine Gedanken zur Ohnmacht nähren.

Diese meine Gedanken möchte ich in vier Schritten ausfalten, die den vier Teilen dieses Buches entsprechen:

Zu Beginn beleuchte ich, wie Hilfe und Macht zusammenhängen und warum Hilfe mit Macht manchmal nicht hilfreich ist.

Im zweiten Schritt widme ich mich der Frage: „Wie denn sonst?“ Es ist der Versuch, eine andere Haltung, eine andere Art des Helfens zu umreißen.

Der dritte Teil kreist dann um den Kernbegriff Ohnmacht. Welchen Wert hat es, wenn wir Ohnmacht bewusst und aktiv in unsere Beziehungen und in unser Leben einbinden? Was können wir der Ohnmacht Positives abgewinnen? Inwiefern hat sie das Potenzial, uns für die Gegenwart Gottes zu öffnen?

Zum Schluss geht es um die Praxis. Ohnmacht einbinden bedeutet nämlich nicht Nichtstun. Ohnmacht aushalten und nicht vorschnell eine selbstgemachte Lösung konstruieren wollen ist ein höchst aktives Tun. Was mir persönlich dabei hilft und welche Erfahrungen ich selber dabei mache, das kommt im vierten und letzten Teil zur Sprache.

An dieser Stelle noch ein Wort zur Sprache: Das Thema dieses Buches ist an kein Geschlecht gebunden. Es richtet sich an Menschen jeglicher Identität. Der besseren Lesbarkeit zuliebe verzichte ich aber darauf, alle Formulierungen systematisch beiden Geschlechtern anzupassen. Um trotzdem zu signalisieren, dass ich Menschen meine und nicht Männer oder Frauen, wechsle ich kapitelweise ab zwischen weiblichen und männlichen Formulierungen. Das gilt auch für die Gottesbezeichnungen, was für viele Leser und Leserinnen fremd klingen mag. Gott ist kein Mann, auch wenn Jesus ihn Abba – Vater genannt hat. Umso wichtiger scheint es mir, dass wir auch Gott mit weiblichen Pronomen ansprechen, um uns von einem einseitig männlich dominierten Gottesbild zu verabschieden. Mir jedenfalls hilft die Verfremdung, meine Gottesbilder zu weiten. Es ist gewissermaßen das Ziel dieses ganzen Buches, Gott zu verfremden, so dass wir ihn und sie als unverfügbar Gegenwärtigen erkennen, als allgegenwärtig Ohnmächtige. Darum erlaube ich mir, Gott im Folgenden auch als „sie“ anzusprechen und nicht nur als „er“ (selbst wenn das rein grammatikalisch nicht ganz korrekt ist – „die Gott“ ist im Duden nicht vorgesehen).

Erster Teil: Helfen ist Macht

Beginnen wir mit einer Beziehungs-Situation. In diesem ersten Teil gehe ich von meinen Erfahrungen als Seelsorger aus, als Weg-Begleiter von Menschen in Auszeiten und in schwierigen Lebenssituationen. Die Beziehungen, die ich betrachte, sind also ungleiche Beziehungen: Auf der einen Seite steht die Gästin, die zu uns kommt, weil sie Hilfe sucht. Auf der anderen Seite stehen wir, die wir ein Angebot machen: Du darfst mit all dem, was dich im Moment ausmacht, zu uns kommen und für eine Weile mit uns leben. Ungleich ist die Beziehung insofern, als sie eine Beziehung zwischen Gästin und Gastgebern ist. Die Gastgeber sorgen für eine wohnliche, gastfreundliche Atmosphäre; die Gästin fügt sich in das Bestehende ein.

In einem Haus wie dem Sonnenhügel ist die Ungleichheit in der Beziehung sogar noch stärker, denn es geht in vielen Fällen ausdrücklich um eine Beziehung zwischen Personen, die bewusst für andere da sein möchten, und solchen in einer Notsituation, die auf andere angewiesen sind. Solche Beziehungen zwischen Helfenden und Hilfesuchenden zeichnen sich unter anderem dadurch aus, dass die – scheinbare – Macht sehr ungleich verteilt ist. Die Hilfesuchende hat keine Macht über ihre Situation, sie ist ohn-mächtig. Darum sucht sie ja Hilfe. Die Helfende umgekehrt hat viel Macht. Sie kann nicht nur ihr eigenes Leben gestalten, sondern hat noch Energie übrig, um zu helfen. So scheint es jedenfalls auf den ersten Blick.

Ich mache die Erfahrung, dass dieses Machtgefälle so nicht ganz stimmt. Nicht nur, dass auch die Ohnmächtige noch immer Macht hat, ihre Situation zu beeinflussen – davon handelt der vierte Teil dieses Buches. Es stimmt meiner Ansicht nach auch nicht, dass wir als Helfende Macht haben, zu helfen. Vielleicht fühlen wir uns mächtig, das wohl. Aber genau dieses Gefühl des Mächtigseins ist verhängnisvoll. Es ist eine Versuchung, der wir nur allzu gern erliegen. Wir spüren die

Macht, die uns die Hilfesuchende zuspielt, indem sie uns um Hilfe fragt. Ganz automatisch nutzen wir diese Macht dazu, zu helfen. Auch wenn dahinter hehre Absichten und viel guter Wille stecken, ist Helfen mit Macht in vielen Situationen nicht hilfreich, ja sogar kontraproduktiv. Im Extremfall kann Helfen mit Macht zu Missbrauch führen, weil ich die Abhängigkeit der Hilfesuchenden für meine eigenen Zwecke und Interessen missbrauche. Oftmals geschieht dies unbewusst, was keinerlei Entschuldigung darstellt.

Darum scheint es mir wichtig, dass wir die Beziehungssituation zwischen Helfenden und Hilfesuchenden genau betrachten. Denn solche Beziehungen mit einem großen Machtgefälle kommen bei weitem nicht nur im professionellen Umfeld vor: in der Seelsorge, in therapeutischen Beziehungen, in der Sozialarbeit, in der Schule und der Pädagogik usw. Wir kennen solche Beziehungen alle auch aus unserem privaten Umfeld: innerhalb der Familie, unter Freundinnen, zwischen Kolleginnen. Alle sind wir früher oder später in der einen oder anderen Form damit konfrontiert, dass wir jemandem, die uns nahesteht, helfen wollen und sollen. Darum geht es uns alle an, die Dynamik von Helfen und Macht zu erkennen und zu verändern.

In unserer Rolle als Helfende sehe ich vier Versuchungen, die ich im Folgenden beschreiben möchte. Es sind Versuchungen, mir die Ohnmacht vom Hals zu halten, die ich erlebe, wenn ich Menschen in Not an mich heranlasse.

1 – Glück finden im Elend anderer

Leer werden für Gott – das ist nicht Müßiggang, nein, es ist die wichtigste aller Beschäftigungen.

Bernhard von Clairvaux

Es läutet an der Pforte. Wir erwarten einen neuen Gast, der auf dem Sonnenhügel Hilfe sucht. Diese Szene wiederholt sich in unserem Haus etwa vierzig bis fünfzig Mal im Jahr, also fast jede Woche einmal. Steht ein neuer Gast vor der Tür, kann dies Verschiedenes bedeuten: Da ist jemand, der sich seinen Alltag vorübergehend nicht selbst strukturieren kann. Da ist jemand, der Abstand von zu Hause braucht, um zu spüren, wo er steht und was ihn so müde gemacht hat. Da ist jemand, der aufgrund einer psychischen Erkrankung seine Arbeit und somit einen Teil seiner Identität zu verlieren droht. Da ist jemand, der einen schweren Schicksalsschlag erlitten hat und sich neu orientieren muss. Da ist jemand, der über lange Zeit am Limit gelaufen ist und spürt, dass es so nicht mehr weitergehen kann. Da ist jemand, der mit den einfachsten Dingen des Alltags überfordert ist und nicht mehr für sich selber sorgen kann. Da ist jemand, der auf uns angewiesen ist. Vierzig bis fünfzig Mal im Jahr nicht bloß ein neuer Name und ein neues Gesicht in unserer Gemeinschaft, sondern eine neue Lebensgeschichte und damit mitunter eine neue Not, eine neue Ausweglosigkeit. Ob er ein spiritueller Mensch ist oder nicht: in der einen oder anderen Art sucht er etwas, das weiterführt, etwas, das trägt, einen neuen Weg, seinen Weg.

Eigentlich müsste mich das Ankommen eines neuen Gastes bedrücken in Anbetracht des Elends, das er mitbringt. Aber in Tat und Wahrheit löst die Ankunft eines Menschen in Not zuweilen Glücksgefühle aus, so sarkastisch dies klingen mag. Denn da ist jemand, der seine ganze Hoffnung auf mich setzt. Da ist jemand, der ohne mich im Moment nicht klarkommt. Da ist jemand, der große Erwartungen in mich setzt. Da ist jemand, der etwas von mir will. Er bittet um Hilfe. Nicht selten lassen uns Neuankommende – ausgesprochen oder unausgesprochen – spüren: Ohne dich wüsste ich nicht mehr weiter. Endlich habe ich einen Ort gefunden, wo ich sein kann. Ein Ort, der mir alles bietet, was ich jetzt brauche. Du bist meine Erlösung. Endlich habe ich einen Menschen getroffen, der mich versteht. Dir kann ich alles sagen, alles anvertrauen. Führe mich hinaus aus dieser Sackgasse. Zeige mir einen Weg. Lass mich nicht allein. Halte mich aus. Hilf mir!

Und was tun wir, wenn wir um Hilfe gebeten werden? Wir helfen. Als Seelsorgende erst recht, denn das ist es ja, was wir am liebsten tun und am besten können: helfen. Ich spüre ganz genau: Nun kommt es auf mich an, auf meine Stärken, auf mein Gesundsein, auf mein Organisationstalent, auf meine Fähigkeit zuzuhören und Mitgefühl zu zeigen. Als Gemeinschaft leben wir einen Alltag, der trägt. Dieser Alltag ist nun gefragt. Wir haben Erfahrungen, die wir teilen können. Ich habe einen Glauben, der mich trägt. Ich habe Antworten auf meine Fragen, die vielleicht auch Antworten für den Hilfesuchenden sein könnten. Helfen heißt: Ich kann etwas tun. Ich kann die Situation des Gastes verändern. Mein Tun hat eine Wirkung. Unser Haus ist nicht umsonst. Es braucht uns, es braucht mich ganz konkret. Jetzt ist die Stunde, in der ich zeigen kann, was ich kann. Durch mein Tun wird die Welt zu einem besseren Ort. Da kommt einer, der große Erwartungen in mich setzt.

Das zu spüren tut ungemein gut. Es ist gleichermaßen verlockend wie gefährlich, als Erlöser gesehen zu werden. Es ist eine verlockende Rolle, jemandem, der um Hilfe bittet, ein Gegenüber zu sein. Das Vertrauen dieses Menschen in meine vermeintlichen Kompetenzen schmeichelt mir. Dazu wird mir bewusst: Ich bin in der stärkeren Position. Da der Mensch in Not, der ohne fremde Hilfe nicht klarkommt. Hier ich, der ich mir einbilde, dass ich auf den Hilfesuchenden nicht angewiesen bin. Ich könnte gerade so gut auch ohne ihn. Dass ich mich mit dieser Haltung selber belüge, werden wir noch sehen. Nichtsdestotrotz macht es vordergründig den Anschein, als brauchte ich niemanden, der mich um Hilfe bittet, aber der Hilfesuchende braucht mich sehr wohl. Er will etwas von mir, nicht ich von ihm.

Er sieht etwas in mir, das ich mir selbst vielleicht gar nicht zugetraut hätte. Unvermittelt fühle ich mich stark und mächtig durch die Begegnung mit jemandem, der bei mir Hilfe sucht. Indirekt macht mich die Not des anderen glücklich. Im schlimmsten Fall fühle ich mich sogar nur dann als jemand, wenn ich einen Schwächeren als Gegenüber habe, dem ich helfen kann. Weil ich mich selber schwach, unnütz und ungenügend fühle. Wir sprechen in diesem Fall von einem klassischen Helfersyndrom.

Das Verkehrte dieser Haltung ist gut spürbar, wenn ich die Situation derart überzeichne. Hoffentlich findet diese Dynamik so nie statt in der Beziehung zwischen Helfenden und Hilfesuchenden. Aber wir müssten lügen, wenn wir behaupten wollten, dass diese Dynamik nicht doch in der einen oder anderen Form, oft unbewusst, in uns mitschwingt. Das gilt nicht bloß für Seelsorgende, sondern für alle Menschen in helfenden Berufen und überhaupt für alle Menschen, sofern sie hin und wieder in die Situation geraten, dass sie um Hilfe gebeten werden. Helfen macht Lust, weil *ich* mich dabei stark fühle und etwas bewirken kann.

Diese Haltung macht klar: So betrachtet, geht es letztlich um mich, obwohl es genau dies nicht dürfte. So gut es mir auch tun mag zu helfen: Es darf nicht um mich gehen. Stelle ich mein gutes Gefühl bewusst oder unbewusst ins Zentrum meines Tuns, missbrauche ich den Hilfesuchenden. Es ist ja bloß gut gemeint, mag man hier entgegnen. Aber gut gemeint ist das Gegenteil von gut.

2 – Helfen bis zur Verzweiflung

Und wenn plötzlich das Dunkel zu mir spricht?
Wenn Krankheit, Schmerz und Alter mir Grenzen setzen?
Was, wenn du mir plötzlich unerreichbar weit weg bist?
Wenn das Suchen scheinbar kein Ende findet?
Ist es erlaubt,
im Angesicht des Todes überall
dich in der Schönheit überhaupt noch zu erkennen?

Ich könnte umkehren, Gott,
und mich dem Schein des selbstgemachten Glücks hingeben.
Ich könnte so tun,
als ob ich Macht hätte.
Dann hätte ich die Ohnmacht nicht hinzunehmen
und bräuchte deine Gnade nicht.

Aber ich will ausharren, Gott,
bis dass der Vorhang zerreißt
und du mir in neuem Licht erscheinst.

LFS

Als Erstes haben wir gesehen, dass es beim Helfen nicht *um* mich geht. Helfen wollen birgt noch eine zweite Gefahr. Dann nämlich, wenn ich meine, es gehe nicht *ohne* mich. Natürlich gibt es Situationen, in denen es in der Tat nicht ohne mich geht. Immer, wenn es darum geht, Leben zu retten oder eine Not zu lindern, muss ich selbstverständlich unverzüglich handeln. Eine solche Situation ist hier aber nicht gemeint.

In den allermeisten Hilfssituationen geht es nämlich sehr wohl ohne mich, auch wenn wir das nicht gerne hören. Denn es schmeichelt mir, wenn ein Gegenüber mich um Hilfe fragt. Nur soll ich mich deswegen nicht zu wichtig nehmen. Es ist paradox: Wenn ich um Hilfe gebeten werde, braucht es mich, aber gleichzeitig soll ich mir bewusst sein, dass es auch ohne mich ginge.

Was geschieht, wenn ich mich zu wichtig nehme und meine, es gehe nicht ohne mich? Dann mache ich das Wohlergehen meines Gegenübers von meinem Tun und Lassen abhängig. Das ist für beide Seiten gefährlich. Der Hilfesuchenden nehme ich damit einen Teil ihrer Selbständigkeit; das wird im nächsten Kapitel noch Thema sein. Und ich selber setze mich dadurch einem Druck aus, der nicht sachgerecht ist. Denn das Wohlergehen meiner Mitmenschen kann nie und nimmer allein von mir abhängen. Sonst würde ich mich zum Gott aufspielen. Genau dies geschieht im Grunde aber, wenn ich glaube, es gehe nicht ohne mich. Dadurch übernehme ich eine unglaublich große Verantwortung, an der ich letztlich nur scheitern kann.

Vordergründig ist diese Verwechslung zwar überaus attraktiv – darum geschieht sie so gerne, ohne dass ich es merke. Werde ich um Hilfe gefragt und bilde ich mir ein, ich sei der Einzige, der jetzt und hier das Richtige tun könne, fühle ich mich wahnsinnig gut. Denn wenn meine Hilfe ankommt und es meinem Gegenüber besser geht, kann ich das als meinen – vermeintlich – persönlichen Erfolg verbuchen. Das ist wie ein Aufputschmittel für mein Selbstbewusstsein – allerdings eines, dessen Wirkung sehr schnell verpufft.

Denn angenommen, meinem Gegenüber geht es trotz meiner Hilfe mal nicht besser, sondern schlechter, so bin in dieser Betrachtungsweise ebenfalls ich daran schuld. Die ganze Verantwortung fällt auf mich zurück; nicht bloß der Stolz und die Dankbarkeit, wenn ich etwas Gutes bewirke, sondern auch die Schuld und die (Selbst-)Vorwürfe, wenn der Prozess mal nicht so verläuft wie erwartet – und das wird er. Weil Heilungsprozesse nicht planbar sind.

Auch hier mag manche einwenden, dass die Haltung, dass es ohne mich nicht geht, so offensichtlich falsch ist, dass keiner auch nur halbwegs reflektierten Person eine solche Verwechslung geschehen könne. Ich warne aber vor vorschneller Selbstgenügsamkeit. Nach meiner Erfahrung sind wir alle nicht gefeit vor solchen Verwechslungen. Natürlich treten sie kaum je so deutlich und salopp zu Tage, wie ich sie hier schildere. Oft geschieht uns aber in Beziehungen zwischen Helfenden und Hilfesuchenden unbewusst genau dieser Fehler.

Dann lässt uns unsere Seele subtil wissen: Ich bin schuld, wenn es dem anderen schlecht geht. Schuldgefühle erzeugen die Angst, nicht alles Menschenmögliche getan zu haben oder nicht gut genug zu sein. Also bemühe ich mich doppelt darum, zu helfen, in der Hoffnung, dass der Weg der Hilfesuchenden steil nach oben führen möge.

Eine Erfahrung mit einer Gästin ist mir diesbezüglich in besonderer Erinnerung geblieben. Es war eine Frau, welche für lange Zeit nicht über den unerwarteten Tod ihres Partners hinweggekommen war. Das besondere an der Situation: Die Frau war selber Psychologin. Das erhöhte von Anfang an den Druck auf mich, alles möglichst gut zu machen. Denn vom Kopf her wusste die Frau sehr genau, was sie brauchte. Aber sie war nicht in der Lage, dies umzusetzen. Die Frau kam also auf den Sonnenhügel in einem Zustand einer verstockten Trauer, welche bereits in eine Depression übergegangen war. Das Weinen war kaum zu stoppen und der Frau war jegliche Freude und Zukunftsperspektive abhandengekommen. Es war, als hätte ihr verstorbener Partner ihr eigenes Leben mit ins Grab genommen. Dieser Zustand dauerte schon eine ganze Weile an und die Frau hatte bereits alles Mögliche versucht, um den Tod des Partners zu verarbeiten: ambulante Therapie, mehrere Aufenthalte in einer Klinik, ausgedehnter Urlaub, um sich auf andere Gedanken zu bringen usw. Sie wurde auch begleitet von einem Psychiater. Er und sie ließen uns wissen, dass unser Haus ihre letzte Hoffnung war.

Am Anfang ging es auch gut. Der geregelte Tagesablauf und die Möglichkeit, sich an der Arbeit im Haus und im Garten zu beteiligen, ließen ihren Gemütszustand rasch lichten. Nach einigen Wochen aber wurde die Depression wieder stärker. Zuerst mussten wir sie am Morgen hin und wieder aufwecken, weil sie nicht zum Frühstück erschienen war. Mit der Zeit gab es Tage, an denen sie es trotz unseres Bemühens nicht aus dem Bett schaffte. Diese Tage nahmen zu, bis sie schließlich wochenlang praktisch nur noch im dunklen Zimmer lag. Wir waren längst am Ende unserer Möglichkeiten angelangt, doch sie und ihr Psychiater ließen uns nach wie vor spüren:

Wenn es bei euch nicht geht, wissen wir auch nicht mehr weiter. Also übernahmen wir unmerklich diese Haltung und meinten, auf Biegen und Brechen ihren Zustand irgendwie verbessern zu müssen. Ich weiß noch genau, wie ich mich als Versager fühlte, weil ich dieser Frau offensichtlich nicht helfen konnte. Sogar ihr Psychiater war der Ansicht, dass der Sonnenhügel der einzig richtige Ort für sie sei. Wie konnte ich mir erlauben, dies zu hinterfragen? Wenn ich nicht mehr kann, redete ich mir ein, muss es meine Schuld sein. Ich nahm meine eigenen Grenzen gar nicht wahr. Also riss ich mich zusammen und machte weiter, Tag um Tag, Woche für Woche – und trieb dadurch nicht nur mich, sondern die ganze Gemeinschaft weiter an die Grenze und darüber hinaus.

Als wir diese Situation endlich einmal mit unserer Supervisorin besprachen, bekam diese sogleich einen Wutanfall. Ich kann mich sinngemäß an ihre Worte erinnern: „Es gibt tausend andere Orte, an denen dieser Frau geholfen werden kann. Nur weil ihr diese Orte nicht kennt, heißt das noch lange nicht, dass ihr sie aushalten müsst, wenn eure Möglichkeiten ausgeschöpft sind.“ Dieser Wutanfall öffnete mir die Augen. Wie sehr hatte ich mich der Illusion hingegeben, es gehe nicht ohne mich. Diese Illusion war, trotz der aussichtslosen Situation, noch immer verlockender, als der Wahrheit ins Gesicht zu schauen.

So wagte ich es, wenn auch mit großem Unbehagen, der Frau zu eröffnen, dass wir sie in diesem schlechten Zustand nicht mehr länger mittragen könnten. Eigenhändig fuhr ich sie mit ihrem Auto in eine Klinik – sie willigte ein und ließ es über sich ergehen, weil sie letztlich keine Kraft hatte, sich dagegen zu wehren.

Das Schöne an der Geschichte und warum ich sie an dieser Stelle erzähle: Nach einigen Monaten stand genau diese Frau mit einem großen Blumenstrauß vor der Tür. Sie bedankte sich für den Wutanfall und dafür, dass ich sie „rausgeschmissen“ habe. Denn die Erkenntnis, dass sie ganz unten angekommen sei, und der anschließende Klinikaufenthalt hätten ihr den Durchbruch gebracht.

Nicht jede Geschichte geht so gut aus wie die eben geschilderte. Oft fehlt mir die Größe zum Eingeständnis, dass Grenzen manchmal einfach Grenzen sind, ohne dass ich jemandem die Schuld dafür geben kann. Manchmal befeuert die Hilfesuchende selber die irregeleitete Konstellation und lässt uns subtil spüren: Du bist schuld, dass es mir noch nicht besser geht. Ich habe dich um Hilfe gebeten, und du hast mir nicht alles gegeben. Oder zumindest nicht das, was ich brauchte. Lass mich nicht im Stich. Es geht nicht ohne dich. Wenn du mir nicht hilfst, wer dann?

Bin ich, unbewusst, in Abhängigkeit zur Hilfesuchenden, werde ich mich auch dann noch und umso mehr bemühen, das vermeintlich Richtige zu tun, wenn ich schon längst an den Grenzen der eigenen Möglichkeiten angelangt bin. Und damit bin ich mitten in einem Teufelskreis. Ich muss mir eingestehen, dass es Situationen gibt, in denen ich schlicht und ergreifend ohnmächtig bin. In denen auch ich ohnmächtig bin, nicht bloß mein Gegenüber.

3 – Den anderen auf Abstand halten

Habe Geduld gegen alles Ungelöste in deinem Herzen und versuche, die Fragen selbst liebzuhaben wie verschlossene Stuben und wie Bücher, die in einer sehr fremden Sprache geschrieben sind. Forsche jetzt nicht nach den Antworten, die dir nicht gegeben werden können, weil du sie nicht leben kannst. Und es handelt sich darum, alles zu leben. Lebe jetzt die Fragen. Vielleicht lebst du dann allmählich, ohne es zu merken, eines Tages in die Antwort hinein.

Rainer Maria Rilke

Ruft ein Gast an, um zu prüfen, ob er auf dem Sonnenhügel eine Auszeit gestalten könnte, so ist dies in vielen Fällen verbunden mit einem Eingeständnis vor sich selber. Der Gast muss erkennen, dass er mit seiner eigenen Situation nicht mehr alleine fertig wird. Dass er auf fremde Hilfe angewiesen ist. Der erste Schritt ist, sich dies selber einzugestehen. Das fällt vielen verständlicherweise schwer und braucht Zeit.

Als zweiter Schritt folgen dann das Suchen und Annehmen eines passenden Hilfsangebotes. Dadurch erhält das Eingeständnis eine noch größere Dimension: Der Verzweifelte muss auch anderen gegenüber offenbaren, dass er mit seiner eigenen Situation überfordert ist. Das fällt vielen noch schwerer und macht Angst. Angst, sich in eine Abhängigkeit zu begeben. Angst, ein Stück seiner selbst aufgeben zu müssen. Angst, nicht mehr selber entscheiden zu dürfen. Angst, dass ihm jemand sagt, was gut für ihn ist. Dahinter steckt letztlich die Angst, aufgrund der Krise nicht mehr gleichwertig zu sein. Es ist die Angst vor der Distanz zwischen dem Menschen in der Krise und den „anderen", konkret den Helfenden. Ich glaube, dass diese Angst selbst dann da ist, wenn sich jemand – erleichtert darüber, endlich einen Ort gefunden zu haben, der Hilfe verspricht – vollständig in die Arme von Helfenden wirft.

Umgekehrt erschüttert der Mensch in Not, der mir hier begegnet, mein Weltbild. Vorausgesetzt, ich glaube an einen guten Gott, einen Gott also, der es mit allen Menschen gut meint, so kann ich der Frage nicht ausweichen, warum denn mein Gegenüber in eine Krise geraten ist. Das fühlt sich ungerecht an und ich kann es nicht verstehen. Dieses unangenehme Gefühl versuche ich als Helfender zu verhindern.

Folgendes Beispiel illustriert für mich treffend, wie wir als Helfende an den Bedürfnissen der Menschen in Not vorbei helfen, wenn wir unsere Beklemmung in Anbetracht der fremden Not nicht ertragen. Ein befreundeter Seelsorger in San Francisco berichtete einst von einer hirnverletzten Frau, welche hin und wieder stürzt. Die Menschen um sie herum würden jeweils auf sie zueilen, um ihr sofort wieder auf die Beine zu helfen, obschon sie noch gar nicht dazu bereit sei. Sie glaube, so die betroffene Frau, die Leute wollten ihr helfen, weil es ihnen so unangenehm dabei sei, eine erwachsene Person am Boden liegen zu sehen. Was sie jedoch wirklich bräuchte, sei jemand, der zu ihr auf den Boden komme.[1]

Als Helfender verdränge ich in Anbetracht einer fremden Not meine unangenehmen Gefühle, indem ich beginne, mein bisheriges Weltbild innerlich und äußerlich zu verteidigen. In der Regel nehme ich meinen Standpunkt als hilfreich wahr. Dieser hat mich bisher durch das Leben geführt. Das möchte ich lieber nicht hinterfragen lassen. Etwas salopp ausgedrückt: Ich weiß, wo Gott hockt, und ich scheue mich auch nicht, es zu sagen, wenn ich gefragt werde. Und ich werde ja grad danach gefragt. Also springe ich in die Position des Handelnden und helfe, so gut ich kann. Dass ich dabei subtil auf das Gegenüber übertrage, was ich für mich selber für gut erkannt habe, ist uns oft nicht ganz bewusst.

Hier kann man mir zu Recht widersprechen. Wir haben – hoffentlich – gelernt, die Welt des Gegenübers nicht zu interpretieren. Wir wissen selbstverständlich, dass wir nicht wissen können, was für unser Gegenüber richtig und falsch ist, selbst wenn der Hilfesuchende alles gierig „aus meiner Hand frisst". Als Theologen wissen wir zudem, dass Gott unverfügbar ist. Darum hüten wir uns davor, jemandem zu sagen, wo Gott hockt. Und trotzdem glauben wir zu wissen, was gut und richtig ist, oft ohne es zu merken. Aus einem einfachen Grund nämlich: Weil wir alles andere gar nicht aushalten.

Wenn ich an dieser Stelle glaube, dass ich helfen kann, dass ich es also in der Hand habe, die Not des Gegenübers abzuwenden, so laufe ich Gefahr, dass ich mich dabei gleichsam an die Stelle des Hilfesuchenden setze. Ich bediene seine größte Angst, indem ich ihm einen Teil seiner Selbständigkeit abspreche und an seiner Stelle handle. So schaue ich subtil auf den Hilfesuchenden herab, um mein eigenes Weltbild und meinen Glauben an einen guten Gott nicht zu erschüttern. Wenn ich mich so in meiner Position der Stärke einniste, zementiere ich das Gefälle zwischen dem hilfesuchenden Gegenüber und mir als Helfendem.

So bleibe ich oben, er bleibt unten. Ich wanke nicht in meiner Stärke. Dem Suchenden wird vermeintlich geholfen, indem ich durch mein Tun seine Lebenssituation verändere. Aber er wird dabei nicht gestärkt. Wir bleiben einander Gegenüberstehende, wir bleiben beim Vis-à-vis. Wir können uns jederzeit in die Augen sehen, aber wir bleiben uns fremd. Ich schaue das Gegenüber an, aber ich sehe es nicht. Ich sehe in ihm ein Objekt, für das ich etwas tun kann. Aber ich sehe in ihm kein Subjekt, mit dem ich eine Beziehung eingehe. Das ist viel zu gefährlich; das geht mir viel zu nahe; das macht mir Angst. Im Grunde halte ich so den Hilfesuchenden auf Abstand. Weil er eine Bedrohung für meine Vorstellung von Gott ist. Die Distanz zwischen uns bleibt gewahrt, ja sie wird sogar noch größer, weil ich so die Chance verpasse, mich vom Gegenüber und von seiner Krise selber erschüttern zu lassen – und dadurch Gott neu auf die Spur zu kommen. Ich verschließe mich für die mögliche Überraschung Gottes, die in der Luft läge, wenn ich einem Hilfesuchenden begegne.

Um mich aber überraschen lassen zu können, müsste ich mein Weltbild und mein Gottesbild hinterfragen lassen. Ich muss meine Vorstellungen von richtig und falsch durchkreuzen lassen, ohne dabei sogleich ein neues Bild oder eine neue Vorstellung zu haben, an der ich mich festhalten kann. Es ist, wie wenn ich aus verbauten Legosteinen etwas Neues bauen möchte: Das geht nicht, ohne dass ich das Alte erst in die Einzelteile zerlege. Und es geht nicht, ohne dass ich den Moment aushalte, dass ich nichts anderes vor mir habe als einen Haufen Legosteine, der nichts darstellt. Erst dann kann ich anfangen, das Neue zu bauen.

So wäre also der Hilferuf des anderen eine Einladung an mich, etwas Neues über Gott und mich selbst zu lernen: Wie kann es sein, dass Gott gut ist und das Gegenüber trotzdem eine Not erfährt? Wie kann es sein, dass es mir gut geht, während um mich herum so viel Not herrscht? Diese Fragen lassen sich nicht beantworten. Sie wollen unbeantwortet ausgehalten sein, weil wir die Antwort gar nicht leben können. Es sind die Fragen selber, die gelebt werden wollen. Das geht nicht, indem ich den anderen auf Abstand halte, damit er meine bisherigen Vorstellungen nicht erschüttert.

4 – Mich selbst aus dem Spiel lassen

quelle
für
tragende
wasserworte
sind
oftmals
bittere tränen

tröste mich nicht

es ist
noch zu früh

sei mein freund
und schweig

nur
bitte
bitte
bleib

Ruth Näf Bernhard[2]

Durch ihre Not stellt die Suchende Fragen, die mich selbst mehr betreffen, als es mir auf den ersten Blick bewusst ist. Und mehr, als es mir lieb ist. Es sind die ganz tiefen, grundlegenden Fragen des Lebens, die plötzlich und oft unausgesprochen im Raum stehen. Diese Fragen erschüttern uns, die Hilfesuchende genauso wie mich. Ich kann – und ich darf – diesen Fragen nicht aus dem Weg gehen. Ich kann und darf mich selbst nicht aus dem Spiel lassen. Ich kann und darf diese Fragen nicht mit billigen Trostworten wegwischen. Ich muss mich ihnen selber stellen und selber dranbleiben. Denn das ist das, was die Hilfesuchende im Grunde von mir erbittet: „bitte, bitte, bleib!"

Nehmen wir noch einmal einige Beispiele von Menschen, die typischerweise auf den Sonnenhügel kommen. Was hat sie konkret aus

der Bahn geworfen? Der überraschende Tod einer Angehörigen, vielleicht sogar eines eigenen Kindes. Der Verlust des Arbeitsplatzes. Vielleicht noch subtiler: Der Arbeitsplatz ist zwar noch da, aber die Freude an der Arbeit ist abhandengekommen. Eine Psychose stellt die eigene Gesundheit in Frage.
Die äußeren Umstände solcher Situationen lassen sich bis zu einem gewissen Grad bearbeiten, manchmal sogar lösen. Trauerarbeit lässt sich gestalten. Mit etwas Glück findet jemand eine bessere Arbeitsstelle als zuvor. Und ja: Man kann lernen, auch eine chronische Krankheit zu akzeptieren, sie ins Leben zu integrieren und gut damit umzugehen. Oftmals führt der Weg dazu über Therapien, welche Raum eröffnen, das Erlebte aufzuarbeiten und einzuordnen.

Das ist eine Hilfe, die wir leisten können: der Hilfesuchenden helfen, ganz praktische Schritte zu tun. Material zur Verfügung stellen zum Beispiel, damit die Trauer eine Gestalt erhalten kann. Mithilfe beim Zusammenstellen eines Bewerbungsdossiers. Das Vermitteln einer guten Therapeutin. Vielleicht braucht es aber zuerst einfach eine gewisse Zeit der Erholung, damit die Kraft wieder zurückkehrt, bis jemand selber solche Schritte tun kann.

Aber damit ist es meist nicht getan. Denn diese äußeren Zeichen einer Krise sind meist nur die Auslöser. Die Ursachen sind andere, oft unsichtbare. In den allermeisten Fällen bahnt sich eine Krise von langer Hand an. Über eine längere Zeit schon bewegt sich jemand am Rand ihrer Kräfte. Immer wieder muss jemand über die eigenen Grenzen gehen. Das geht oftmals lange gut. Ich staune immer wieder, wie manche Menschen viele gute Ressourcen haben, um auch schwierige Lebensphasen lange Zeit mehr oder weniger gut zu gestalten und zu überstehen. Bis dann der berühmte Tropfen das Fass zum Überlaufen bringt.

Wenn die bisherigen Bewältigungsstrategien nicht mehr ausreichen und es zur Krise kommt, reicht es meist nicht aus, die Auslöser zu beseitigen. Jedenfalls spüren die meisten Menschen, dass hinter ihrer Krise Fragen stehen, die sich nicht so einfach in Worte fassen lassen. Es sind die großen Lebensfragen: Wer bin ich? Woher komme ich? Wohin gehe ich? Diese Grundfragen des Lebens kommen oft verkleidet daher. Sie tauchen auf in einer Gestalt, in der wir sie gar nicht so leicht als solche erkennen. Zum Beispiel in Form von Selbstvorwürfen: Was habe ich falsch gemacht? Als Anklage gegen Gott: Warum lässt sie das zu? Oder als Gefühl der Ungerechtigkeit: Warum geschieht das ausgerechnet mir?

Wie wir im vorangehenden Kapitel gesehen haben, spüren wir als Helfende diese Fragen selbst dann, wenn sie nicht ausdrücklich ausgesprochen sind. Und das sind sie meist: unbewusst. Aber sie sind da. Wer bin ich, woher komme ich und wohin gehe ich – mit diesen großen Fragen des Lebens konfrontiert mich die Person, die bei mir Hilfe sucht. Es bleibt aber nicht dabei, dass es ihre Fragen sind, sondern es sind auch meine. Es sind Lebensfragen, die jede Person angehen.

Diese Grundfragen des Lebens sind immer da, in jeder Lebenssituation. Ich glaube nicht, dass es jemanden gibt, die abschließend mit diesen Fragen aufgeräumt hätte. Auch eine noch so weise, gebildete oder erleuchtete Person nicht. Diese Fragen kommen immer wieder, oftmals in veränderter Gestalt. Wir sind immer wieder neu aufgerufen, sie auszuhalten und eine vorläufige Antwort oder besser: einen vorläufigen Umgang mit ihnen zu finden. Kommen aber besondere Umstände hinzu, die jemanden in eine Krise stürzen, ist die ultimative Ohnmacht mit Händen zu greifen. Dann werden die grundsätzlichen Fragen des Lebens besonders bedrängend, oftmals bedrohlich. Unsere Lebensumstände können wir über weite Strecken gestalten und verändern. Wir haben Macht über die äußeren Umstände. Die Grundfragen unseres Seins hingegen können wir nicht beantworten. Wir sind und bleiben ihnen gegenüber ohnmächtig. Damit nimmt die Hilfesuchende mich selber mit hinein ins Geschehen. Das ist mir unangenehm. Viel lieber möchte ich mir die Fragen gerne vom Hals halten. Die Hilfesuchende wird im Extremfall zu einer Bedrohung für mein Glück, indem sie mich an meine eigenen dunklen Seiten und ungelösten Fragen erinnert. Viel lieber niste ich mich ein in meine Gefühle der Behaglichkeit und lasse mich nicht unnötig aus der Ruhe bringen.

Dies gelingt mir am einfachsten, indem ich die Abkürzung über die Macht nehme. In diesem Fall bedeutet das: indem ich helfe. Indem ich also versuche, auf die äußeren Lebensumstände des Gegenübers Einfluss zu nehmen. Dann kann ich mich mit meinem Gegenüber beschäftigen und muss mich nicht meinen eigenen Fragen stellen. Darum ist es so verlockend, zu helfen: Je mehr ich mich mit der – äußeren – Not des Gegenübers auseinandersetze, desto weniger muss ich mir meine eigenen Abgründe und meine eigene Ohnmacht eingestehen. Solange ich mich stark fühle und etwas tue, kann ich mit nüchternem Blick, quasi von oben herab, auf die fremde Not herabschauen und mich mit meinem Gegenüber beschäftigen. Selbst bleibe ich so unbehelligt und muss mich nicht mit mir auseinandersetzen. Ich bleibe aus dem Spiel. Ich helfe zwar und habe dabei ein ruhiges Gewissen, aber ich spiele selber keine Rolle. Ich will helfen und bilde mir gleichzeitig ein, es gehe ohne mich. Das ist aber einer Beziehung unwürdig. Und indem die Hilfesuchende an meiner Pforte anklopft, sucht sie eigentlich nicht eine – oberflächliche – Hilfe, sondern eine Beziehung. Sie sucht jemand, der bleibt und der sich selbst nicht herausnimmt.

Oftmals ist das der einzige Trost, den wir geben können: Deine Not ist auch meine Not. Deine Trauer ist auch meine Trauer. Deine Fragen sind auch meine Fragen. Das bedeutet: Du bist mit deiner Not, deiner Trauer und deinen Fragen nicht allein. Gemeinsam halten wir das aus, bis es sich wandelt. Gemeinsam bedingt aber, dass ich mich selber ins Spiel bringe.

Zweiter Teil: Macht hilft nicht

Wenn ich aufhören soll zu helfen, was dann? Ich weiß, dass das ein provokativer Titel ist: Hör auf zu helfen. Nein, sicher nicht, mag man denken. Wo unsere Hilfe gefragt ist, sollen wir helfen. Aber wie denn? Das ist die entscheidende Frage.

Ich möchte zeigen, dass es auch anders geht. Es gibt eine Hilfe, die den anderen nicht klein und auf Abstand hält. Eine Hilfe, die Abhängigkeiten nicht verstärkt. Eine Hilfe letztlich, bei der auch ich selber als Helfender vorkomme. Das erst ist eine Hilfe, die diesen Namen verdient. Denn in jedem Fall bleibt Helfen ein Beziehungsgeschehen. Das geht nicht, wenn ich mich selber aus dem Spiel lasse.

Damit also eine Hilfe gelingt, welche dem Beziehungscharakter gerecht wird, braucht es ein Umdenken. Dieses Um-Denken führt letztlich zu einem Um-Fühlen, wie wir noch sehen werden. Für den Moment geht es darum, unseren Blick auf das Helfen zu verändern. Ich glaube, dass das eine ziemlich radikale Veränderung ist.

In den vorangehenden Kapiteln haben wir gesehen, wie wir in Anbetracht von Notsituationen zur Macht neigen. Wir tun uns schwer, das Heft aus der Hand zu geben. Dies gilt für eigene Not, aber auch wenn wir Zeugen sind von Nöten anderer und erst recht, wenn wir aufgerufen sind, anderen zu helfen. Unser erster Griff geht zur Macht. Wir wollen etwas tun und die Verhältnisse ändern. Auch dort, wo wir uns eingestehen müssten, dass wir gar keine Macht haben über eine Situation.

Machtlosigkeit ist uns sehr unangenehm. Sie gibt uns das Gefühl, gescheitert zu sein oder versagt zu haben. Wenn ich keine Macht mehr habe, muss ich kapitulieren. Ich gehe unter. Sich eingestehen, dass man keine Macht mehr hat über eine Situation, kann uns so ausgelegt werden, als ob wir aufgeben würden. Das jedenfalls ist die Angst bei vielen von uns.

Das mag stimmen in einem Umfeld von Kampf und Wettbewerb. Dort, wo es darum geht, dass der Stärkere gewinnt.

Dort muss ich um jeden Preis für mein Überleben kämpfen. Dort ist Machtlosigkeit eine wirkliche Bedrohung. Aber das Leben ist kein Wettbewerb. Im Leben geht es nicht um Kampf, sondern um Kooperation. Da haben wir umzulernen. Das Gegenstück zur Macht ist nicht Machtlosigkeit, sondern Ohnmacht.

Ohnmacht hat eine andere Qualität als Machtlosigkeit. Das ist in meinen Augen mehr als eine bloße Umdeutung. Ohnmacht eröffnet uns eine neue Dimension. Sie führt uns in die Tiefe. Wenn ich Ohnmacht in mein Leben integrieren kann, breche ich aus aus dem Schema von richtig und falsch, gut und böse, gesund und krank. Ich stehe nicht mehr vor der Wahl, zu kämpfen oder zu kapitulieren. Ich kann unumgängliches Leiden akzeptieren, ohne es zu verherrlichen. Ich kann mich den letzten Fragen und meiner tiefsten Sehnsucht hingeben.

Darum halte ich Ohnmacht für etwas sehr Wertvolles. Und darum möchte ich in den nächsten Kapiteln unseren Blickwinkel umkehren und ein anderes Verständnis von Helfen entwickeln.

5 – Lieben statt helfen

wunschlos glücklich

ich verdank mich
einem DU

DU bist
mein tragendes Prinzip
mein festes Fundament
mein klares Licht
in dem sich
alles andere erhellt

Krankheit und Armut
kann ich nie
indifferent begegnen
Tod und Leben
sie können mir niemals
gleichgültig sein

wenn aber DU
mein ein und alles bist
und so mein ganzes Glück
wunschlos werde ich
und frei
zur Liebe

Andreas Knapp[1]

Würden wir eine Reihe von Leuten fragen, welches der wichtigste Grundsatz für christliches Handeln sei, würde wahrscheinlich ein großer Teil der Gefragten antworten: den Schwächeren zu helfen. Theologisch gesprochen ist damit das Gebot der Nächstenliebe gemeint: Liebe deine Nächste wie dich selbst (Mt 22,39). Daran ist nichts Falsches, im Gegenteil.

Ich würde das Thema der Nächstenliebe jedoch nicht aufgreifen, wenn ich nicht doch ein gewisses „Aber" hinzuzufügen hätte. Es gibt keinen Zweifel, dass das Gebot der

Nächstenliebe der Dreh- und Angelpunkt jedes christlichen Handelns ist. Mein Aber lautet hingegen, dass wir dieses Gebot gerne falsch verstehen. Oftmals hören wir: *Hilf* deiner Nächsten. Das steht so in der Heiligen Schrift aber nicht geschrieben. Das Gebot lautet: *Liebe* deine Nächste wie dich selbst. Das ist ein Unterschied.

Dieses Missverständnis rührt möglicherweise von einer bekannten und beliebten biblischen Erzählung her: dem Gleichnis des barmherzigen Menschen aus Samaria (Lk 10,30–37). Jedenfalls hat diese Erzählung unser Verständnis von Nächstenliebe maßgeblich geprägt und ist gewissermaßen ins allgemeine Volkswissen übergegangen. Nicht von ungefähr heißen diejenigen, welche sich beispielsweise an Großveranstaltungen um Besucherinnen kümmern, die irgendein gesundheitliches Problem haben, Samariterinnen. Der „barmherzige Samariter" ist gewissermaßen zu einem stehenden Begriff geworden, der auch schon mal etwas abfällig benutzt wird im Sinne von: „Ich bin doch nicht der barmherzige Samariter."

Es lohnt sich, diese Bibelstelle etwas genauer zu betrachten und einige Details dieser Erzählung zu vergegenwärtigen. Dadurch kommen wir dem genannten Missverständnis möglicherweise auf die Spur. Der Evangelist schildert, wie ein Mann überfallen wurde und halbtot liegenblieb. Verschiedene Gottesgläubige – konkret ein Priester und ein Levit – kamen vorbei. Sie sahen den Überfallenen, ließen ihn aber liegen und gingen an ihm vorüber. Sie hatten offenbar ein anderes Ziel vor Augen, von dem sie sich nicht abbringen lassen wollten. Entweder waren sie so mit sich selbst beschäftigt, dass sie das, was ihnen am Wegrand begegnete, nicht berührte. Oder aber sie wollten sich durch den Kontakt mit einem Ungläubigen nicht unrein machen für den kommenden Dienst im Tempel. Jedenfalls sahen sie den Schwerverletzten wohl, aber ihr Herz blieb kalt.

Anders verhielt sich ein Mensch aus dem Gebiet Samariens. Samarien galt für die Mehrheit der jüdischen Bevölkerung von damals gewissermaßen als „Ausland". Zwischen den Bewohnern von Samarien und der übrigen jüdischen Bevölkerung gab es einige maßgebliche theologische, aber auch kulturelle Unterschiede. Das war für diejenigen in der Bevölkerung sehr wichtig, die penibel genau darauf achteten, wer richtig und falsch handelte, wer die Religionsgesetze einhielt und wer nicht, wer rechtgläubig war und wer nicht, wer dazugehörte und wer nicht. Ausgerechnet einer, der nach damaliger Auffassung nicht auf der richtigen Seite stand, dient hier also als lobenswertes Beispiel. Das ist eine besondere Zuspitzung innerhalb dieser Erzählung. Der Mensch aus Samarien hatte Mitleid mit dem Schwerverletzten, versorgte seine Wunden, nahm ihn sogar ein Stück des Weges mit und brachte ihn auf eigene Kosten in einer Herberge unter. In der Schilderung Jesu hat also ein Fremder den wahren „Gottes-Dienst“ erbracht, während die beiden Repräsentanten des Kultes auf dem Weg zum Gottesdienst kläglich versagt haben.

So weit dieses Gleichnis, welches so gerne als Beispiel dafür verstanden wird, wie ich mich gegenüber Hilfsbedürftigen zu verhalten habe. Versuche ich das Gleichnis zusammenzufassen, könnte die Botschaft in etwa lauten: Gehe nicht achtlos an denen vorbei, die deine Hilfe brauchen, sondern lass dich von ihrer Not berühren. Oder noch etwas knapper formuliert: Hilf den Schwächeren. So weit, so gut, anscheinend sind wir wieder am Anfang angelangt.

Aber dieser Teil der Erzählung ist nicht alles. Wir müssen auch den Zusammenhang beachten, in dem Jesus diese Geschichte erzählt (Lk 10,25–29). Dann wird schnell klar, dass nicht die *Hilfe* im Vordergrund steht, sondern die *Liebe.* Der Erzählung voraus geht nämlich ein Gespräch zwischen Jesus und einem sogenannten Tora-Gelehrten. Die Tora ist jener Teil der jüdischen Bibel, in dem unter anderem viele Religionsgesetze stehen. Zur Zeit Jesu gab es Strömungen, welche großen Wert darauf legten, diese Religionsgesetze peinlichst genau einzuhalten. Sie beurteilten die Menschen danach, ob sie die Gesetze so einhielten, wie sie sie interpretierten. Aus diesem Blickwinkel heraus drängten sie viele Menschen aus der Gesellschaft hinaus, welche die Gesetze eben nicht in ihrem Sinn befolgten. Ein Gelehrter der Tora ist also nicht bloß einer, der die Tora gut kennt. In der Bibel ist mit dem Tora-Gelehrten, etwas salopp gesagt, einer gemeint, der vorgibt, wie man sich richtig verhalten muss. Ja, man könnte sogar so weit gehen zu sagen, ein Tora-Gelehrter war einer, der gerne über richtig und falsch urteilte.

Ein solcher Besserwisser fragt Jesus also, wie man „am ewigen Leben Anteil erhalten" könne. Oder wieder vereinfacht gesagt: Was muss ich tun, um in den Himmel zu kommen? Es ist offensichtlich eine Fangfrage, mit der er Jesus auf die Probe stellen will. Er will testen, ob Jesus zu den Rechtgläubigen oder doch eher zu den Aufwieglern gehört. Jesus lässt sich nicht aufs Glatteis führen, sondern bringt den Tora-Gelehrten dazu, die richtige Doppel-Antwort gleich selbst zu geben. Sie lautet: Erstens, liebe Gott mit deinem ganzen Herzen! Und zweitens, liebe deine Nächste wie dich selbst! Dieses sogenannte doppelte Gebot der Gottes- und Nächstenliebe ist das Zentrum des jüdischen Glaubens. Genau genommen handelt es sich sogar um ein dreifaches Gebot: Gottesliebe, Nächstenliebe und Selbstliebe. Jesus bekräftigt, dass er in dieser Tradition steht. Denn er antwortet dem Tora-Gelehrten: Wer so handelt, wird leben.

Nun haben wir also für unsere Ausgangsfrage gleich zwei Präzisierungen. Wir erinnern uns: Ich habe gefragt, welches der wichtigste Grundsatz für christliches Handeln sei. In der Antwort, die Jesus gutheißt, ist nicht vom *Tun* die Rede, sondern vom *Lieben*. Konkret ist eine Liebe in drei Richtungen gemeint: Liebe Gott, liebe deine Nächsten und liebe dich selbst so wie die anderen beiden. Gottesliebe, Nächstenliebe und Selbstliebe sind also ein und dasselbe.[2]

Das Gespräch zwischen Jesus und dem Tora-Gelehrten geht noch weiter, und zwar anders, als wir es unter Umständen erwarten würden. Erwarten könnten wir, dass der Tora-Gelehrte fragt, *wie* sich unsere Liebe zu den Nächsten zeigt. Das tut er nicht. Es scheint, dass er immerhin schon begriffen hat, dass es eben nicht ums Tun geht. Stattdessen fragt er: „*Wer* sind meine Nächsten?" (Lk 10,29). Auf diese

Frage erst erzählt Jesus die Geschichte vom barmherzigen Menschen aus Samarien.

Halten wir uns also den Zusammenhang dieses Gleichnisses vor Augen, steht nicht das Handeln des Reisenden aus Samarien im Vordergrund, wie wir es oft irrtümlich verstehen. Jesus will uns mit dieser Erzählung nicht in erster Linie auffordern, zu helfen – obwohl selbstverständlich nichts gegen die geleistete Hilfe einzuwenden ist. Jesus will uns vielmehr als Erstes aufzeigen, *wen* wir zu lieben haben: diejenigen am Wegrand, die wir gerne übersehen möchten, weil sie uns stören. Diejenigen, deren Not uns von unserem Ziel abhalten könnte. Das ist ein anderer Schwerpunkt, als am Anfang gedacht, und dieser andere Schwerpunkt ist meines Erachtens nicht unbedeutend.

Auch der helfende Mensch aus Samarien hatte ein Ziel für seine Reise. Auch er konnte sich nicht beliebig von seinem Reiseziel abhalten lassen, sondern musste schauen, dass er weiterkommt. Aber er hat das in seinen Möglichkeiten Stehende trotzdem getan. Anders die anderen beiden, die vor ihm des Weges kamen. Sie waren so sehr auf ihr eigenes Ziel fixiert, dass sie dumpf und unberührbar geblieben sind. Vielleicht waren sie auch bloß überfordert mit der Situation. Der Überfallene war unter Umständen so schwer verletzt, dass sie schlicht nicht wussten, was zu tun war. Das wäre durchaus verständlich. Aber Liebe endet nicht, wenn ich überfordert bin und mich ohnmächtig fühle. Das Gleichnis will uns sagen: Ich muss und kann mich auch dann berühren lassen vom Schicksal einer anderen, wenn ich meine, dass ich nichts tun kann.

Ewiges Leben hängt also vom Maß und vom Ziel meiner Liebe ab und nicht so sehr vom Maß der Hilfe, die ich leiste. Die Erzählung vom barmherzigen Menschen eignet sich nicht für den vermeintlichen Beweis, dass nur diejenige das ewige Leben erlangt, die sich selbst aufopfert und hilft. Vielleicht verstehen wir diese Geschichte so, weil sie in den Generationen vor uns lange so gelehrt worden ist. Aber es gibt keinen Leistungsdruck zu erfüllen, um Anteil am ewigen Leben zu erlangen. Eine solche Interpretation der Erzählung greift zu kurz. So verstanden, verleitet sie mich, möglichst viel zu *tun*. Nun gut, vielleicht wäre es uns sogar lieber, wir dürften die Geschichte weiterhin so verstehen wie bisher. Denn meine Interpretation macht die Sache eher noch anspruchsvoller: Die Erzählung möchte ermutigen, möglichst aufrichtig zu *lieben*. Dafür muss ich grundsätzlich gar nichts tun, außer offen zu sein: mit offenen Sinnen und offenem Herzen durch die Welt gehen. Wahrnehmen, wer und was um mich herum geschieht. Auch diejenigen wahrnehmen, die ich so gerne ausblende oder ignoriere. Weil sie anders sind als ich, anders sprechen, sich anders kleiden, andere Weltanschauungen vertreten, vielleicht sogar anders glauben. Die Verletzten am Wegrand lieben heißt, diejenigen Menschen in den Mittelpunkt zu rücken, die wir lieber übergehen würden, weil wir uns vor ihnen ekeln, weil wir sie nicht verstehen oder weil wir uns überfordert fühlen. Diese Gefühle dürfen sogar sein, scheint uns die Geschichte sagen zu wollen. Einzig lieben soll ich, trotz Ekel und Überforderung.

Die Erzählung vom barmherzigen Menschen aus Samarien könnte uns auch ermutigen, unsere eigenen „Verletzungen am Wegesrand" zu lieben. Unsere Wunden und Narben, die uns andere zugefügt haben und über die wir so schlecht hinwegkommen. Unsere Schatten und unser Unvermögen. Unsere tiefsten und letzten Fragen, die uns bedrängen, weil wir keine Antwort darauf geben können, und die wir daher lieber übergehen, weil wir nichts tun können. All das, was wir in und bei uns selber lieber am Wegrand liegenlassen würden. Auch in Bezug auf unsere eigenen Wunden neigen wir manchmal dazu, lieber großzügig über sie hinwegzugehen und uns durch sie nicht aus der Ruhe bringen lassen zu wollen. Das Gleichnis vom barmherzigen Menschen aus Samarien will uns auch ermutigen, die eigene Ohnmacht nicht zu übergehen, sondern ihr die notwendige Pflege zukommen zu lassen.

6 – „mit“ statt „für“

ich will sein
wo ich nicht bin
und tun
was ich nicht kann
voller guter Absichten im Kopf
träume ich mich weg

mach du mich sanft
und hüll mich ein
lass mich dir nahe sein
wo ich mich selbst verliere
so dass ich sein kann
wo ich bin

LFS

Damit kehre ich zurück zum Bild eines Gastes, der darum bittet, eine Weile mit uns leben zu können. Er fragt um Hilfe, so viel ist klar. Damit gibt er mir subtil das Gefühl, stärker, gesünder, mächtiger zu sein als er. Ich fühle mich kraftvoll und gut, weil ich etwas bewirken kann. Ich werde glücklich, weil ich helfen kann. Diese Perspektive offenbart: Es geht dabei um mich. Das darf nicht sein. So viel haben wir im ersten Kapitel gesehen.

Der neue Gast mag vielleicht auch das Gefühl in mir wecken, dass er von meiner Hilfe abhängig sei. Er mag mir zu verstehen geben, dass es ohne mich nicht gehe. Allzu gerne steigen wir auch auf diesen Irrtum ein und helfen bis zur Verzweiflung. Das war das Thema im zweiten Kapitel.

Was der Hilfesuchende an der Pforte erwartet, ist aber weder diese noch jene Form von Hilfe, auch wenn es vielleicht im ersten Augenblick so wirken mag. Der Hilfesuchende ist voller Fragen. Dennoch sucht er keine Antworten. Er ist orientierungslos. Aber er will dennoch nicht abhängig gehalten werden. Worum er letztlich bittet, ist Beziehung. Oder aus der Sicht des Helfenden betrachtet: Wenn es weder *um* mich geht noch *ohne* mich, geht es nur *mit* mir.

Manche Menschen stellen einen klaren Anspruch an den Sonnenhügel: dass wir den Menschen helfen. Diesen Anspruch haben oft nicht einmal so sehr die Gäste selber. Vielmehr kommt uns dieser Anspruch unter anderem von manchen Spendern entgegen. Sie erwarten zu Recht, dass wir mit ihrer Spende etwas Gutes tun. Das bedeutet aber in ihrer Perspektive vor allem: etwas tun, etwas bewirken. Am liebsten möchten sie einen Rechenschaftsbericht mit möglichst konkreten Zahlen: Wie vielen Gästen haben wir geholfen? Wie lange hat es gedauert, bis es ihnen bei uns besser gegangen ist? Wie hoch ist die Erfolgsquote? Wie viele sind zurückgekehrt, weil unsere Hilfe noch nicht ausgereicht hat?[3]
Einen ähnlichen Erfolgsdruck spüren wir auch von Menschen, die uns für unser Engagement bewundern. „Wie viel Gutes ihr tut – und das so selbstlos!“; „Wie ihr lebt, das könnte ich nie!“; so oder ähnlich klingen ihre Ausrufe der Bewunderung, etwa dann, wenn sie realisieren, dass wir auch noch auf ein reguläres Einkommen für unser Engagement verzichten. Diese Bewunderung ist mir mehr als nur unangenehm. Denn dahinter steckt das Konzept, dass wir auf vieles verzichten und Opfer bringen, um Menschen zu helfen. Das stimmt so aber nicht, wie wir sehen werden. Auf eine solche Bewunderung antworte ich meist etwas kokett: „Ich tue ja gar nichts, ich bin bloß hier zu Hause.“

Für manche, Bewunderer wie Spender und auch manche Gäste, ist es eine große Irritation, wenn ich jeweils sage: Unsere Absicht ist gar nicht, den Gästen zu helfen. Ich weiß, dass ein solcher Satz provoziert. Darum formuliere ich ihn zum Trotz manchmal noch zugespitzter: Wir verweigern den Hilfesuchenden sogar unsere Hilfe. Und um diese provokative Sicht gleich zu präzisieren: Natürlich verweigern wir nicht jegliche Hilfe. Wir helfen nur nicht so, wie es vielleicht von uns erwartet wird und wie wir selber im ersten Augenblick vielleicht zu reagieren tendieren. Denn wo von uns erwartet wird, dass wir für den armen Menschen in Not etwas tun, antworte ich: Nein, wir tun nichts für dich. Aber wir lassen dich nicht im Stich, trotz deiner Ohnmacht. Du bist eingeladen, mit uns zu leben. Das kann vielleicht heilsam sein.

Die Erwartungen der Menschen sind selbstredend nicht falsch. Natürlich kommt der Gast mit Fragen zu uns in einer Phase der Orientierungslosigkeit oder mit dem Gefühl, in einer Sackgasse gelandet zu sein. Natürlich verlangt diese Situation nach Begleitung. Es gibt aber zwei Formen der Begleitung.

Dazu lohnt sich ein kurzer Seitenblick in die Männerarbeit. Dort unterscheidet man zwischen „face to face"- und „side by side"-Beziehungen. Das scheint mir auch für Krisensituationen und Seelsorgekonzepte eine hilfreiche Unterscheidung zu sein. Gemeint ist Folgendes: Tendenziell streben Männer nach side-by-side-Beziehungen. Das ist beispielsweise der Fall, wenn zwei Kollegen zusammen ein Fußballspiel besuchen. Sie sitzen nebeneinander („side by side") und können so zusammen jubeln oder sich aufregen – sie haben ein gemeinsames Erlebnis. Aber sie müssen sich nicht in die Augen schauen und dabei ihre Gefühle offenbaren oder gar darüber sprechen – weil sich Männer in der Tendenz eher schwer damit tun. So gesehen ist ein einseitiges side-by-side-Verhältnis eher kontraproduktiv, weil die Gefühle und Sehnsüchte, die Not und das Glück des Einzelnen außen vor bleiben. Demgegenüber stehen sogenannte face-to-face-Begegnungen, wie sie stereotypisch Frauen bevorzugen. Sie treffen sich gerne zum Kaffeetrinken und tauschen sich unmittelbar aus. Solche Begegnungen von Angesicht zu Angesicht sind dann sehr hilfreich, wenn sie auf Augenhöhe geschehen. Für viele Männer ist es eine echte Horizonterweiterung, wenn sie lernen, sich in face-to-face-Situationen mit ihren Bedürfnissen einzubringen.

Im Bereich der professionellen Hilfe ist die face-to-face-Situation die Regel, aber unter besonderen Voraussetzungen: Auf der einen Seite sitzt der Hilfesuchende, ihm gegenüber der professionell Helfende, der ihn berät und begleitet. Es ist keine Begegnung auf Augenhöhe, sondern die Rollen sind klar verteilt. Der eine fragt, der andere antwortet. Der eine sucht, der andere hilft. Der eine ist der Ratsuchende, der andere der Beratende. Solche face-to-face-Konstellationen haben ohne jeden Zweifel ihre Berechtigung und ihre Stärken. Auch wir auf dem Sonnenhügel bieten unseren Gästen persönliche Begleitgespräche an. Dennoch möchte ich an diese Form der Begleitung ein paar kritische Anfragen stellen. Denn die Tatsache, dass der professionell Helfende für seine Hilfe bezahlt wird, kann eine potenziell ungesunde Konstellation verstärken. Ungesund ist diese Konstellation nämlich dann, wenn der Ratsuchende in eine Konsum-Mentalität gerät. Schließlich bezahlt er, dann darf er wohl eine entsprechende Dienstleistung erwarten. Ebenso ungesund ist diese Konstellation, wenn der Beratende sich in der Rolle des Rat-Gebers sieht. Wenn er also davon ausgeht, dass er etwas geben kann, was das Gegenüber gerade braucht. Was aber, wenn der Ratgebende selbst nicht weiterweiß, z. B. weil es um eine Frage geht, auf die es gar keine Antwort gibt?

In einer gesunden Beratungssituation ist diese face-to-face-Situation wohl angebracht. Aber darüber hinaus braucht es noch anderes. An dieser Stelle setzt das Konzept des Sonnenhügels an. Der Gast auf dem Sonnenhügel sucht kein Gegenüber, sondern eine Wegbegleitung. Er möchte spüren, dass er in seiner Situation nicht alleingelassen ist. Er braucht Menschen, die ihn nicht im Stich lassen, sondern seine Not mit ihm aushalten. Er braucht nicht Antworten, sondern Geduld. Er möchte nicht, dass wir uns an seine Stelle setzen und *für* ihn etwas tun. Er möchte, dass wir ihn hereinlassen und uns *mit* ihm auf den Aus-Weg machen.

Das bedeutet, dass wir selber die Blickrichtung ändern müssen. Wir müssen die Perspektive wechseln und uns an seine Seite stellen – side by side. Dazu passt das Bild der Wegbegleitung. Der Gast, der auf den Sonnenhügel kommt, macht sich auf einen Weg der persönlichen Auszeit. Niemand weiß im Voraus, was einen auf einem solchen Weg erwarten wird. Eine Person, die Erfahrung hat mit solchen Prozessen und diese Erfahrungen einfließen lässt, kann als Wegbegleitung durchaus hilfreich sein. Aber eine Begleitung auf einem Weg kann niemals nur ein Gegenüber sein – sonst müsste sie ja ständig rückwärtsgehen.

In einer Zeit, in der alles auf Optimierung und Effizienz getrimmt wird, gerät ein solches Konzept schnell aus dem Blick, weil es vordergründig nicht sehr effizient ist. Wir wollen schnell messbare Ergebnisse.

Augenfällig zeigt dies ein Erklärvideo einer Klinik, das mir neulich begegnet ist. Darin wird der Heilungsprozess bei einem Burnout beschrieben, um zukünftigen Patienten zu erläutern, was sie in der Klinik erwartet. Der Inhalt lässt sich wie folgt zusammenfassen: Der Hausarzt überweist Sie an unsere Klinik. Schon am ersten Tag beginnt die Therapie mit Gesprächen, Sport und Achtsamkeitstraining. Und am Tag 36 planen wir Ihre Rückkehr nach Hause, wo Sie und Ihre Familie wieder glücklich vereint sind.

Solche Konzepte sind gegenwärtig sehr beliebt. Sie reduzieren ein komplexes Problem auf eine einfache, kostengünstige Lösung, die sich mit quantitativem Qualitätsmanagement messen und vergleichen lässt.

Um so etwas zu erreichen, ist es notwendig, in den Handlungsmodus zu wechseln und auf Hilferufe mit Helfen zu reagieren. Durch das schnelle Tun kann ich ein schnelles Resultat erwirken. Das kann kurzfristig durchaus etwas bringen. Aber ob es dem Menschen mit seinen zu Grunde liegenden Fragen gerecht wird, steht auf einem anderen Blatt. Denn das Gegenüber, das um meine Hilfe bittet, will nicht die Macht meiner Interpretation oder die Distanz des professionellen Helfers spüren. Der Notleidende will nicht, dass ich oder sonst jemand etwas *für* ihn tut. Er will ganz einfach nur in seiner Ohnmacht ernst genommen werden. Das geht nicht, ohne dass ich mich selbst in diese Beziehung einbringe. Das geht nur *mit* mir. Das geht nur, indem wir aufhören, füreinander da zu sein, und beginnen, miteinander zu leben. Das bedeutet auch, miteinander die Leerstellen im Leben auszuhalten: unsere Ohnmacht.

Dieser Paradigmenwechsel vom „für" zum „mit" hat seinen Ursprung unter anderem in der Tradition der Arbeiterpriester. Arbeiterpriester sind katholische Priester, welche aus der reinen Seelsorge herausgetreten sind und eine körperliche, manuelle Arbeit angenommen haben. Damit wollen sie eine Brücke schlagen aus der stark bürgerlich geprägten Kirche zur Lebenswirklichkeit der Arbeiter. Dies allerdings nicht mit einer missionarischen Absicht, also nicht mit der Absicht, die Arbeiter für die Kirche zu gewinnen oder sie aus ihrer Lebenswirklichkeit herauszuführen. Ihr Bemühen ist vielmehr, solidarisch Teil dieser unterprivilegierten Lebenswirklichkeit zu werden. Denn wer die Menschen mit ihren Nöten und Sehnsüchten verstehen will, muss mit ihnen das Leben teilen.

Im deutschen Sprachraum ist diese Form des Engagements in den Kreisen der sogenannten Arbeitergeschwister lebendig, welche sich regelmäßig in regionalen und nationalen Treffen versammeln und austauschen. Diesen Kreisen gehören längst nicht mehr nur Priester an, sondern auch andere theologisch Ausgebildete und kirchlich Engagierte.[4]

Unter den Arbeitergeschwistern gibt es die Rede vom „Ortswechsel". Dies meint nichts anderes als den Wechsel der Perspektive vom „für" zum „mit", aber nicht bloß im Denken, sondern im realen Leben respektive mit der ganzen Existenz. Arbeitergeschwister stammen oft selbst aus einem bürgerlich geprägten Milieu oder haben zumindest eine akademische Ausbildung hinter sich. Bewusst und aktiv verlassen sie aber gewissermaßen den privilegierten Ort des Pfarrhauses und der Kanzel und wechseln an den Ort der (Hand-)Arbeit: an das Fließband oder an die Kasse des Supermarktes etwa. Viele von ihnen wohnen darüber hinaus in Randquartieren und sozialen Brennpunkten. Sie verlassen die Sicherheit des Pfarramtes und solidarisieren sich mit prekären Wohn- und Arbeitssituationen, indem sie selbst solche einnehmen.

7 – Nicht helfen – da sein

schick mir keinen Engel
der alle Dunkelheit bannt
aber einen
der mir ein Licht anzündet

schick mir keinen Engel
der alle Antworten kennt
aber einen
der mit mir die Fragen aushält

schick mir keinen Engel
der allen Schmerz wegzaubert
aber einen
der im Leiden da bleibt

schick mir keinen Engel
der mich über die Schwelle trägt
aber einen
der in dunkler Stunde noch flüstert
fürchte dich nicht

Elisabeth Bernet[5]

Wenn ich im vorangehenden Kapitel geschrieben habe, dass wir unseren Gästinnen die Hilfe verweigern, so ist das natürlich sehr zugespitzt formuliert. Natürlich bleibt es die allererste Aufgabe christlichen Handelns, dass wir Not zu verhindern suchen, indem wir helfen, so gut wir können. Keinesfalls dürfen wir das Argument „Da kann ich ja eh nichts dagegen ausrichten“ als Ausrede missbrauchen und uns bequem zurücklehnen, solange wir nicht wirklich alles in unserer Macht Stehende getan haben.

Wenn wir eine Not nicht verhindern können, so müssen wir sie zumindest lindern. Das ist der zweite, unumgängliche Schritt christlichen Handelns. Auch hier darf man meine Ausführungen nicht als bequeme Ausrede missverstehen. Not verhindern und Not lindern – das ist beides unumgänglich.

Aber irgendwann stoßen wir an die Grenzen dessen, was wir machen können. Was immer wir tun, ein Rest Ohnmacht bleibt. Das habe ich bereits ausführlich besprochen.

Betrachten wir einmal eine solche Situation, in der nichts getan werden kann. Zum Beispiel wenn wir mit einem Schicksalsschlag konfrontiert sind, an dem nicht mehr gerüttelt werden kann. Der uns einfach lähmt. Ich erinnere mich an eine Mutter, die einst auf dem Sonnenhügel zu Gast war. Ihre Tochter ist als junge Erwachsene bei einem Bergunfall tödlich verunglückt. Ihre Trauer war immens. Sie erlebte alle Phasen der Trauer, die wir kennen. Sie haderte mit dem Schicksal, lehnte sich dagegen auf und wollte das Unabänderliche nicht wahrhaben. Dann war sie wie seelisch gelähmt, gefühlslos. Und immer wieder flossen einfach die Tränen, schier endlos.
Was konnten wir in dieser Situation tun? Scheinbar nichts. Natürlich haben wir die Mutter getröstet, ihr gut zugeredet, ein Taschentuch bereitgehalten. Wir haben versucht, im Gebet ihre Sprachlosigkeit in Worte zu fassen, und Gott auch nicht mit Klagen verschont. Hin und wieder hat jemand von uns ihr einfach die Hand auf die Schulter gelegt und damit signalisiert: Wir sind da.
All das ist gut und recht. Aber nichts davon hat ihr ihre Tochter zurückgebracht. Am Ende konnten sie und wir nichts anderes tun als versuchen, das Unabänderliche hinzunehmen, anzunehmen und damit weiterzugehen. Der Tod ihrer Tochter wurde zum Teil ihrer Geschichte. Die Ohnmacht gegenüber ihrem Schicksal blieb.

Nicht helfen können ist eine große Herausforderung. Was soll ich tun, wenn nichts getan werden kann? Oder wenn alles, was getan werden kann, bereits getan ist? Wenn ich alles in meiner Macht Stehende getan habe? Und trotzdem sind die Not, das Leiden noch nicht aus der Welt geschafft? Noch immer ist dieser Mensch da, der leidet. Noch immer sehe ich sein Gesicht voller Schmerz, Trauer oder Perspektivenlosigkeit.

Eine Möglichkeit wäre, äußerlich Distanz zu schaffen, indem ich Feierabend mache. Feierabend kann helfen, meine eigene Ohnmacht als Helfender auszuhalten. Irgendwann ist meine Arbeitszeit zu Ende. Ich packe meine Sachen und gehe nach Hause. Dort erwartet mich eine andere Welt. Diese mag auch nicht immer heil sein, aber sie ist mir vertraut und ich kann sie selber gestalten. Der Arbeitsweg erlaubt mir im besten Fall, nicht nur äußerlich, sondern auch innerlich Abstand zu nehmen. Ich kann die offenen Fragen auch körperlich zurücklassen oder immerhin versuchen, sie nicht mit nach Hause zu schleppen. Wenigstens für ein paar Stunden, bis zum nächsten Morgen, kann ich die Not in den Hintergrund treten lassen. Der Feierabend verschafft mir etwas Abwechslung: Zu Hause erwarten mich andere Personen, andere Themen, vielleicht andere Probleme, aber immerhin Abwechslung. Die Distanz zu den Personen, die Not leiden, befreit mich vorübergehend von der Ohnmacht, mindestens so lange, bis ich die Klientin das nächste Mal wieder sehe. Diese Distanz tut gut. In der Zwischenzeit kann nämlich bei ihr wie bei mir etwas geschehen. Das nächste Mal können wir mit erholten Kräften und einem frischen Blick neu auf das Alte schauen. Das darf durchaus als Plädoyer für eine gesunde Feierabendkultur verstanden werden.

Bloß: Die Hilfesuchende hat nie Feierabend von ihrem Leiden. Sie bleibt in der Ohnmacht der Not gefangen. Vielleicht hat das Gespräch ihr etwas Luft verschafft oder im besten Fall eine neue Perspektive vermitteln können. Aber anschließend ist sie mit ihren Fragen wieder allein. Sie muss allein mit ihnen klarkommen. Sie muss sie alleine aushalten. Das stelle ich mir sehr beklemmend vor.

Das erinnert mich an Situationen, in denen ich zusammen war mit Personen, die unerwartet und überraschend eine enge Angehörige verloren haben. Von einem Augenblick auf den anderen ist sie nicht mehr da, sei es durch plötzliches Herzversagen, durch einen Unfall oder gar durch Suizid. Zum Glück sind da oft Angehörige, Freundinnen oder auch Fachpersonen aus einem Careteam, die der Trauernden in diesem traurigen Augenblick beistehen. Leute, die sie trösten und ihr Weinen aushalten. Aber irgendwann ist ausgeweint und ausgetröstet. Irgendwann kommt der Augenblick, wo die Zurückbleibende allein

mit ihrer Trauer zurechtkommen muss. Irgendwann müssen auch die besten Freundinnen, die engsten Angehörigen und die letzte Person aus dem Careteam wieder gehen. Die Wohnungstür fällt zu und die Trauernde bleibt allein zurück. Sie ist mit ihrer Not allein. Niemand kann der Trauernden dies abnehmen.
Das gilt umgekehrt aber auch für die andere Seite, für die Tröstenden und Helfenden. Sie können beistehen bis fast zuletzt. Sie können Essen zubereiten und Taschentücher auftreiben und die Weinende halten; sie können gemeinsame Erlebnisse mit der Verstorbenen erzählen und Geschichten aus dem eben vergangenen Leben zuhören. Sie können singen und schweigen und Kerzen anzünden. Aber irgendwann müssen sie wieder gehen. Sie können nicht jede Not lindern. Sie können wohl wiederkommen, aber irgendwann müssen sie den Mut haben, die Trauernde sich selbst zu überlassen, und darauf vertrauen, dass sie auch allein damit fertig wird. Auch das ist eine Art von Not – eine ohnmächtige Situation, weil wir merken, dass wir keine Macht haben, eine andere Person vollständig von ihrem Schmerz zu erlösen.

Neben der oftmals notwendigen professionellen Distanz habe ich bewusst eine Lebensform gewählt, die es mir ermöglicht, einen Schritt weiterzugehen. In einem Haus wie dem Sonnenhügel gibt es keinen klassischen Feierabend. Wir laden die Suchenden oder Trauernden ein, mit uns zu leben. Das ist eine große Chance. So bleibt die Person in der Krise auch nach einem schwierigen Begleitgespräch da – und ich mit ihr und bei ihr. Sie ist keine Klientin, die nach der Therapiesitzung wieder nach Hause geht. Wir sitzen, nachdem wir ihre Tränen ausgehalten haben, mit unserer Gästin am Tisch beim Essen. Das mag bisweilen bedrückend sein, in Tat und Wahrheit ist es aber auch etwas Wertvolles, weil wir so ganz nah am Leben dran sind. Zwar schauen wir nach wie vor in ihr verzweifeltes oder leeres Gesicht und wissen nach wie vor nicht weiter. Zwar würden wir ihr gerne helfen, aber im Moment kann nichts Weiteres getan werden. Es ist alles gesagt, was gesagt werden kann. Es ist alles getan, was in unserer Macht steht. Trotzdem sind sie und ich die Not nicht losgeworden.

Noch immer sind wir beide da, schweigend, eingebunden in einen einfachen Alltag mit Essen, Geschirr spülen und so weiter. Diese Alltäglichkeit miteinander zu teilen erscheint mir immer wieder als heiliger Augenblick. Das ist ein großes Privileg. Zugleich ist er entlastend. Was wollen wir mehr?

Auch als Seelsorgende oder Helfende ist es schwierig auszuhalten, wenn wir scheinbar nichts tun können. In unserer eigenen lähmenden Not versuchen wir bisweilen krampfhaft, trotzdem zu helfen, und verfallen gerne in einen gewissen Aktionismus. Vielleicht können wir ein paar Gebete sprechen oder wissen ein frommes Bibelzitat. Nein, es gibt Situationen, in denen Nichtstun angesagt ist. Nichtstun im Sinne von da sein und aushalten. Keine Worte, keine Gebete und kein Feierabend. Das ist eine Gratwanderung: Nichtstun darf nicht heißen, dass ich resigniere. Und keinen Feierabend machen darf nicht bedeuten, dass ich mit der Not meines Gegenübers verschmelze. Da sein und dableiben, auch wenn es kaum auszuhalten ist, ist eine höchst aktive Haltung: Ich muss meinen Drang, die Kontrolle über das Geschehen zu behalten, sein lassen. Ich darf die Gegenwart, so wie sie ist, gut sein lassen. Damit gebe ich meinem Gegenüber zu spüren, dass die Situation auszuhalten ist, auch wenn es sich im Moment anders anfühlt. Durch mein einfaches Dasein halte ich eine Tür offen für das Wirken Gottes, das im gegenwärtigen Augenblick eintreten möchte, das wir vor lauter Kummer und Trauer aber noch nicht erkennen können. Indem ich nicht helfe, stelle ich mich nicht über das Gegenüber und rede oder bete die Gegenwart Gottes nicht herbei. Ich harre ebenso aus, ohne irgendetwas besser zu wissen. Da sein ist ein Akt der Solidarität. Nicht fliehen hat mit Treue zu tun.

8 – Ein anderes Wort für Hilfe: Hingabe

Ich habe mich so oft gefragt,
ob nicht gerade die Tage,
da wir gezwungen sind, müßig zu sein,
diejenigen sind,
die wir in tiefster Tätigkeit verbringen?
Ob nicht unser Handeln selbst, wenn es später kommt,
nur der letzte Nachklang einer großen Bewegung ist,
die in untätigen Tagen in uns geschieht?
Jedenfalls ist es sehr wichtig,
mit Vertrauen müßig zu sein,
mit Hingabe,
womöglich mit Freude.

Rainer Maria Rilke

Wenn ich davon schreibe, dass wir unseren Gästen die erwartete Hilfe verweigern, so wird klar, dass ich damit eine bestimmte Form von Hilfe meine. Man könnte auch sagen: Dass ich damit eine falsch verstandene Hilfe meine. Natürlich kommen viele Gäste zu uns, weil sie Hilfe brauchen. Weil sie sich ihren Alltag vorübergehend nicht allein strukturieren können. Weil sie Angst haben, allein zu sein. Weil sie nicht mehr wissen, wer sie sind und wo sie stehen. Natürlich fragen sie in solchen Situationen zu Recht nach Hilfe und natürlich lassen wir sie in diesem Moment nicht allein.

Aber es gibt in meinen Augen ein besseres Wort für das, was wir ihnen bieten, statt Hilfe: Hingabe.

Dieses Wort weist als Erstes darauf hin, dass wir etwas geben. Damit macht es deutlich, dass es einen Unterschied gibt zwischen den Gästen und den Mitgliedern der Kerngemeinschaft. Die Gäste kommen, weil sie bei uns etwas suchen. Die Kerngemeinschaft ist da, um ihr Leben mit anderen zu teilen und damit etwas vom ihrigen zu geben.

Damit besteht eine gewisse Hierarchie zwischen Gästen und den Mitgliedern der Kerngemeinschaft, die sich nicht wegdiskutieren lässt. Sosehr wir uns auch bemühen, unseren Gästen auf Augenhöhe zu begegnen und sie an unserem Leben teilhaben zu lassen: Auf der einen Seite sind die Gebenden, auf der anderen Seite die Empfangenden. Natürlich ist es schön, wenn ich sagen kann, dass mir auch die Gäste viel geben. Dem ist auch wirklich so. Trotzdem ist es verheerend, wenn ich den Unterschied nicht beachten würde zwischen Hilfesuchenden und Helfenden, zwischen Gebenden und Empfangenden. Wenn ich auf Dauer auf dem Sonnenhügel leben möchte, so muss ich bereit und in der Lage sein, etwas zu geben, nämlich mich selber.

Das führt zur Frage, welche Voraussetzungen ich mitbringen muss, um in einer Gemeinschaft leben zu können, die sich Menschen in Krisensituationen verschrieben hat. Niemand kann diese Kriterien zu jeder Zeit absolut erfüllen, auch ich nicht. Aber wir müssen jederzeit daran arbeiten. Es gibt meines Erachtens zwei Hinderungsgründe für das Leben in einer Gemeinschaft wie der unsrigen.
Der erste Grund ist, wenn ein Mensch aus einer gewissen Bedürftigkeit heraus Gemeinschaft sucht. Wenn er unzufrieden ist mit seinem Leben oder feststellt, dass etwas fehlt. Wenn er sich allein fühlt oder das Gefühl hat, dass sich sein Leben nur um sich selbst dreht. Das erfüllt nicht. Von einer Gemeinschaft erhofft sich ein solcher Mensch oft unbewusst, dass die Gemeinschaft diese Lücke füllt. Dass das gemeinschaftliche Leben dem persönlichen Leben Sinn verschafft. Das ist nachvollziehbar und im Prinzip durchaus richtig. Gemeinschaftliches Leben ist in der Tat sinnstiftend. Ich erfahre unmittelbar, dass ich nicht allein bin, sondern Teil eines größeren Ganzen. Ich bin getragen und kann zugleich meine Fähigkeiten einbringen. Es ist ein Geben und Nehmen. Nur: Mein Leben investieren für Menschen in Not kann ich nur, wenn ich meine eigenen Nöte bis zu einem gewissen Grad durchschritten und durchlitten habe. Solange ich geprägt bin von der Auseinandersetzung mit mir selbst, kann ich die Not anderer nicht nahe genug an mich heranlassen. Wenn ich umgekehrt meine eigenen Leerstellen ständig ausblende oder nicht wahrhaben will, kann ich den Notleidenden ebenso wenig an mich heranlassen.

Es gibt noch einen zweiten Hinderungsgrund für ein Leben in Gemeinschaft. Das betrifft Menschen, die durchaus in Berührung mit ihrer eigenen Not gekommen sind und eine Antwort gefunden haben, um mit dieser Not umzugehen. Sie haben eine Art Erlösung oder Heilung erfahren. Geschieht mir dies, so ist das einerseits wunderbar. Gleichzeitig bin ich unter Umständen so erfüllt von dieser Erfahrung, dass ich sie für absolut nehme. Ich glaube, die letztgültige Antwort auf alle Fragen gefunden zu haben. Dem sollte man nicht trauen. Nach meiner eigenen Erfahrung ist eine absolute Antwort auf Dauer nicht tragfähig. Jede Erfahrung ist relativ, auch wenn sie mich im Augenblick noch so bewegt oder erfüllt. Früher oder später wird mir wiederum etwas begegnen, was meine jetzige Erfahrung in Frage stellt. Wenn ich mich allzu sehr am Gefundenen festhalte und nicht mehr erkenne, dass meine Antworten und Überzeugungen nur vorübergehend sind, bin ich nicht mehr offen für die Reifungsprozesse im Leben. Dann kann ich aber auch keine Menschen in Not begleiten.

Kehren wir zurück zu unserem Ausgangsbetriff. Hingabe hat, wie wir gesehen haben, mit Geben zu tun. Damit ich geben kann, benötige ich einen Standpunkt, der mir die nötige Stabilität verleiht, um selbstlos geben zu können. Die Vorsilbe „hin" weist zudem darauf hin, dass meine Gabe von mir wegfließt, hin zu jemand anderem. Meine Gabe zielt nicht auf mich selbst ab, sondern ist auf jemand anderen hingerichtet.

Wir kennen das Wort Hingabe vor allem im Zusammenhang mit Jesus: Er hat sein Leben hingegeben am Kreuz, sagt die Theologie. Der Begriff der Hingabe kehrt wieder in der Feier der Eucharistie: „Dies ist mein Leib, der für euch hingegeben wird." So lauten traditionell die Worte bei der Erinnerung des letzten Abendmahles bei der Wandlung des Brotes. Allzu oft wurde dabei Hingabe mit Opfer verwechselt. Ältere Gläubige sprechen im Zusammenhang mit der Eucharistie noch heute von der „Opferung". Der lateinische Begriff, der dahintersteckt, ist aber *offertorium*, was eher Hingabe als Opfer bedeutet.[6]

Hingabe geht nicht ohne Liebe, Opfer schon. Wer sich aufopfert, tut dies meist um seiner selbst willen. Andreas Knapp hat dies treffend in seinem Buch über die Eucharistie formuliert: „Man kann einen Beruf oder eine Aufgabe zu seinem Gott machen. Hier lauert beispielsweise die Versuchung, nur für andere da zu sein – und dies auch, um sich wichtig und unentbehrlich zu machen. Manche Formen des Helfersyndroms führen dazu, dass man sich unermüdlich für andere abmüht, weil man seiner selbst müde ist. Hinter einem positiven Einsatz für andere verbirgt sich eine negative Einstellung zu sich selbst. Dazu kommt: Die anderen werden instrumentalisiert – für meine Zwecke. Denn ich definiere mich von ihnen her. Ich tue alles für sie, damit sie mich stützen und mein fehlendes Selbstwertgefühl ersetzen. Man kann diese Haltung sogar mit einer Opferideologie verbrämen. Ich opfere mich ganz auf und bin immer für die anderen da, letztlich jedoch aus Selbstverachtung.“[7]

Wer hingegen frei ist zur Liebe, muss sich nicht aufopfern. Das bedingt erst einmal, dass ich in mir selbst stehe und mich selbst getragen weiß. Die eigenen Leerstellen sind bekannt und durchlitten. Ja mehr noch: Die eigene Stabilität ist so groß, dass die eigene Not immer wieder von Neuem durchschritten und durchlitten werden kann, ohne dass ich auf die anderen angewiesen bin. Ich brauche nicht zu helfen, um mich gut zu fühlen oder erfüllt zu werden.

So bin ich frei zur Liebe. Ich kann mich mit mir selbst, mit meinem eigenen Leben, mit meiner ganzen Existenz anderen hingeben. Wer gibt, gibt frei. Es sind keine Erwartungen damit verknüpft. Ich schenke dem Gegenüber, was ich anzubieten habe. Was das Gegenüber damit macht, ist in seiner Freiheit. Ich bin nicht darauf angewiesen, dass er oder sie meine Gabe annimmt, wertschätzt, damit etwas anfangen kann. Ich bin einfach da. Dasein und Hingabe sind eng miteinander verwandt.

Damit erhält auch der Tod Jesu eine neue Dimension. Seine Kreuzigung ist Hingabe, nicht Opfer. Seine Gabe ist umsonst, frei, selbstlos. Sie will uns in die Beziehung mit dem Heiligen hineinnehmen. Das ist, wenn schon, die ursprüngliche Bedeutung von *sacrificium*, dem lateinischen Wort für Opfer: Etwas *sacrum facere*, das bedeutet „heilig machen“. Sein

Tod ist Ausdruck seiner Beziehung zu Gott. Jesus war kein aufopfernder Helfer. Er war ein Hingebender, ein Liebender. Wer liebt, kann nicht anders, als sein Leben hinzugeben. Man kann nicht bloß ein bisschen lieben. Lieben ist immer ganz, unverbrüchlich, bis zum Schluss, ja wenn es sein muss, bis zum bitteren Ende. Wer liebt, macht sich verletzlich. Liebe ist ungeschützt und darum so zart und nicht-missbräuchlich. Wer niemals verletzt werden will, darf nicht lieben. Darum kann, wer zu tief verletzt ist, nicht mehr lieben. Und darum ist Helfen so gefährlich, weil es verletzend sein kann.

Wer Hilfe als Hingabe versteht, ist sich auch bewusst, dass er zuerst genährt werden muss. Man kann nicht geben, wenn man keine Quelle hat, die einen nährt. Das war auch für Jesus so. Seine Heilungen und sein Dasein mit Menschen am Rand, seine Mahlzeiten mit Ausgeschlossenen (z. B. Lk 19,2–10), seine Bereitschaft, sich Tränen über die Füße und kostbares Öl über das Haupt gießen zu lassen (vgl. Lk 7,37–38), all das steht nicht isoliert da. Demgegenüber stehen gleichwertig all die Zeiten des Rückzugs und des Alleinseins. Er zog sich auf einen Berg zurück, um zu beten, heißt es allenthalben (z. B. Lk 6,12). Das bedeutet, dass er sich selbst nicht ausgewichen ist. Dass er Not und Versuchung durchlitten hat, ist ausführlich geschildert (vgl. Mt 4,1–11). Er ist der Dunkelheit der Abwesenheit Gottes nicht ausgewichen, sondern hat sie durchschritten und durchlitten, mit aller Konsequenz, bis zum Tod am Kreuz.

Um auch hier ein mögliches Missverständnis auszuräumen: Jesus hat das Leiden nicht gesucht. Aber es war unausweichlich. Darum ist er durch das Leiden hindurchgegangen. Das hat ihn zum Liebenden gemacht, der fähig war, sein Leben hinzugeben für uns. Das ist Auferstehung: Jesu irdisches Leben wurde gewaltsam beendet. Seine Liebe, seine Hingabe jedoch ist unzerstörbar. Sie geht weiter, indem sie an uns übergeht. Es ist dies letztendlich die göttliche Liebe, die so bedingungslos für alle gilt und von der wir uns erfüllen lassen müssen, damit wir unser Leben auch für andere hingeben können, ohne uns aufzugeben.

Dritter Teil: Ohnmacht macht nichts

Wenn ich die bisherigen Gedankenschritte zusammenfasse, so habe ich festgestellt, dass wir gerne versuchen, den Weg der Macht zu beschreiten. In Bezug auf das Verhältnis zwischen Hilfesuchenden und Helfenden heißt das, dass die Hilfesuchende mir eine Macht zuspricht, die ich liebend gerne packe: die Macht zu helfen, zu gestalten, Antworten zu geben, zu interpretieren. Damit schaffe ich jedoch eine Distanz zwischen mir und derjenigen, die mich um Hilfe bittet, indem ich mich aus dem Spiel nehme und selbst unbeteiligt bleibe. Denn in meiner Machtposition bin ich so weit weg vom Gegenüber, dass ich mich wunderbar verstecken kann. Letztlich verstecke ich mich damit vor mir selber, genauer vor meiner eigenen Ohnmacht, die mir die Hilfesuchende so wunderbar spiegelt. Ich klammere mich an die Macht, nicht weil ich mich besser fühlen oder dem Gegenüber schaden möchte, sondern um meinen eigenen Wunden auszuweichen. Macht hilft mir, mich unverwundbar zu fühlen.

Das führt zu einem Teufelskreis. Ich kann tun, was ich will und so viel ich will, irgendwann stoße ich trotzdem an die Grenzen meiner Möglichkeiten. Irgendwann kratze ich an der Ohnmacht. Je mehr ich versuche, mich gegen die Ohnmacht zu wehren, desto mehr spüre ich, dass das nie reichen wird. Ich spüre, dass die Ohnmacht bleibt. Und weil mir das unangenehm ist oder ich nicht weiß, wie ich damit umgehen soll, versuche ich, noch mehr zu tun. Damit ändere ich aber nichts an der Ohnmacht, sondern decke sie lediglich mit meinem Aktivismus zu. Mag sein, dass ich sie so weniger spüre. Da ist sie trotzdem, weil Ohnmacht nun mal zu unserem Leben gehört. Indem ich mich gegen sie wehre, distanziere ich mich im Grunde genommen von mir selber.

Hier setzt der dritte Teil dieses Buches an. Ohnmacht ist nicht die Bedrohung, als die wir sie oft wahrnehmen. Sie will uns öffnen für die Gegenwart des Ewigen. Ohnmacht ist eine Einladung: die Einladung, mich als Teil eines größeren Ganzen zu erkennen. Mich von der göttlichen Hingebung beschenken zu lassen, um mich letztlich selbst dem wahren Leben hingeben zu können. Dank der Erfahrung von Ohnmacht erfahre ich, dass ich nicht nur nicht alles selber machen *kann*, sondern gar nicht immer alles selber machen *muss*. Es ist nicht zum Nachteil, wenn ich Dinge geschehen lassen muss. Dadurch, dass mir manchmal das Heft entrissen wird, entsteht Platz für die viel größere und umfassendere göttliche Liebe, die sich dadurch immer neu einen Weg in unser Leben bahnen möchte.

Darum breche ich eine Lanze für die Ohnmacht als Türöffnerin zu mir selber und zu Gott, was im Kern ein- und dasselbe ist. Selbsterkenntnis ist Gotteserkenntnis, hat schon Teresa von Avila festgestellt. Darum scheint es mir richtig, bei uns selber anzufangen. Was nun folgt, ist eine Art Liebeserklärung an die Ohnmacht. Vielleicht ist es etwas viel verlangt, wenn wir die Ohnmacht gleich lieben wollen. Aber wir können anfangen, sie bewusst wahrzunehmen. In welchen Verkleidungen begegnet sie mir? Was löst sie in mir aus? So können wir lernen, sie nicht mehr zu bekämpfen. Wir können beginnen, die Ohnmacht willkommen zu heißen. So entsteht von einem Um-Denken allmählich ein Um-Fühlen, wie ich es oben erwähnt habe. Irgendwann werden wir die Ohnmacht nicht nur wahrnehmen, sondern willkommen heißen können.

Mit Liebeserklärungen ist es so eine Sache. Oft fehlen uns die passenden Worte dazu. Wir wissen kaum, wie wir das beschreiben sollen, was wir empfinden. Das geht mir auch in Bezug auf die Ohnmacht nicht anders. Darum möchte ich in den folgenden Kapiteln um dieses immer noch unangenehme Gefühl kreisen. Ich möchte es aus verschiedenen Blickwinkeln betrachten. Bewusst auch einmal auf die andere Seite treten und schauen, wie es sich anfühlt, wenn wir der Ohnmacht positiv eingestellt begegnen würden. Ich meine, dass wir damit einen neuen Blick auf die Sache gewinnen. Wenn wir auch nur zaghaft versuchen, unsere eigene Ohnmacht an uns heranzulassen, kann ein Veränderungsprozess in Gang kommen. An dessen Ende steht vielleicht tatsächlich so etwas wie Liebe zur Ohnmacht. Oder wenigstens die Möglichkeit, sie zu akzeptieren, wenn sie schon unausweichlich ist.

Dazu verlasse ich mehr und mehr den Blickwinkel der Helfenden und die Beziehung zwischen Helfenden und Hilfesuchenden. Diese dienen ja lediglich als Ausgangspunkt aus meiner eigenen Erfahrung, um uns dem Begriff der Ohnmacht zu nähern. Spätestens von hier an betrachten wir unsere eigene Ohnmacht, die uns täglich begegnet, gleich welchen Beruf oder welche Tätigkeit wir ausüben. Ohnmacht geht uns alle an und zeigt sich nicht nur in der Beziehung zwischen Helfenden und Hilfesuchenden.

9 – Wenn dein Herz wandert oder leidet

Wenn dein Herz wandert oder leidet,
bring es behutsam an seinen Platz zurück
und versetze es sanft
in die Gegenwart Gottes.
Und selbst, wenn du in deinem Leben
nichts getan hast
außer dein Herz zurückzubringen
und wieder in die Gegenwart Gottes zu versetzen,
obwohl es jedes Mal wieder fortlief,
nachdem du es zurückgeholt hattest,
dann hast du dein Leben wohl erfüllt.

Franz von Sales

Vielleicht mag es überraschen, dass ich an dieser Stelle das Gebet von Franz von Sales zitiere. Der Zusammenhang mit unserem Thema der Ohnmacht und des Helfens ist nicht auf den ersten Blick ersichtlich. Ich muss dazu etwas ausholen.

Diese Zeilen sind für mich immer wieder ein Augenöffner in Bezug auf die Meditation. Ich halte sie mir oft vor Augen, wenn ich in die Stille gehe. Sie haben jedoch nicht nur meinen Blick auf die Kontemplation, auf das meditative, schweigende Gebet verändert, sondern auch auf den Alltag und das Leben als solches. Ich will mich diesem Text trotzdem erst einmal von der Stille her nähern.

Das Herz wandert und leidet – Ablenkungen sind normal

In der Meditation schweife ich regelmäßig ab. Das ist normal. Sobald ich die Augen schließe und die Klangschale ertönt, realisiere ich, wie mir allerhand durch den Kopf geht. Manches davon sind eher belanglose, oberflächliche Ablenkungen. Ein Gedanke, der mich beschäftigt, eine unerledigte Aufgabe, ein Projekt im Hinterkopf, eine Idee, die ich gerne verwirklichen möchte, und so weiter. Alles, was da oben im Kopf so rattert und im Alltag meist unbewusst und unbeobachtet präsent ist, wird mir plötzlich bewusst. Es ist verlockend, mich von all dem ablenken zu lassen. Endlich habe ich Zeit, diesen oder jenen Gedanken weiterzuspinnen. Meine Projekte und Ideen mögen ja allesamt richtig und wichtig sein. Sie laufen der Absicht der Meditation jedoch zuwider. Denn indem ich meinen Gedanken nachgehe und meine Ideen und Projekte in der Stille weiterentwickle, kann ich trotz stillen Dasitzens etwas tun. Ich bin und bleibe Herr über mein Dasein und gebe mich der Illusion hin, ich sei der Gestalter meiner Welt.

Diesen Vorgang mit einem „wandernden Herzen“ zu umschreiben, finde ich sehr treffend. Das Herz respektive meine Gedanken haben oft den Drang, irgendwohin zu wandern. Sie wandern gleichsam aus dem Raum heraus ins Büro, in den Garten, in die Küche, in den Hobbyraum. Es fällt ihnen schwer, da zu bleiben, wo ich selber gerade bin: hier und jetzt, auf meinem Sitz vor der Kerze oder der Ikone, in diesem Augenblick. Meine Gedanken und mit ihnen mein Herz wandern liebend gerne dorthin, wo sie vermeintlich etwas tun können: denken und gestalten.

Neben den eigentlichen Gedanken gibt es eine zweite typische Ablenkung im stillen Gebet. Manches beschäftigt mich nicht bloß oberflächlich, sondern geht mir tatsächlich „zu Herzen“. Es berührt oder erschüttert mich – und lenkt mich gerade dadurch vom Dasein in der Stille ab. Ich spreche von den Gefühlen. Oft überkommen sie mich plötzlich, unerwartet und vielleicht heftig. Manchmal bin ich mir ihrer gar nicht so sehr bewusst. Die Versuchung ist jedenfalls groß, diesen Gefühlen nachzugehen und ihnen Raum zu lassen. In manchen Gefühlen fühle ich mich wohl und ich möchte mich gerne darin ausbreiten und wohlig in ihnen verweilen. Andere Gefühle taxiere ich als „schlecht“, negativ, dunkel und möchte sie gerne so schnell wie möglich wieder loswerden oder verdrängen.

Das „leidende Herz“ in den Zeilen von Franz von Sales erinnert mich auch an den Vorgang der aufkommenden Gefühle, wobei mir bewusst ist, dass mein Herz in der Stille nicht bloß leidet, sondern sich bisweilen auch freut, Angst hat oder wütend ist. Wie auch immer: Durch meine Gefühle, durch mein leidendes oder sich freuendes Herz kann ich mich wunderbar vom Hier und Jetzt ablenken.

Das ist aber nicht die Absicht in der Meditation. In der Stille geht es darum, so da zu sein, dass ich innerlich hören kann. Und um hören zu können, muss ich das Eigene, seien es Gedanken oder Gefühle, wenigstens für diesen einen Augenblick hintanstellen. Was ist aber zu tun, wenn solche Ablenkungen in der Meditation trotzdem aufkommen?

Den Gedanken und Gefühlen gewaltfrei begegnen

In jeder Meditationsschule wird im Grunde genommen dasselbe gelehrt, wie man mit Ablenkungen umgehen soll, wenn auch mit unterschiedlichen Worten und Bildern: loslassen, nicht anhaften, die Gedanken vorüberziehen lassen, in die Gegenwart zurückkehren. Franz von Sales umschreibt es poetisch: Bring dein Herz wieder zurück und versetze es wieder in die Gegenwart Gottes. Das klingt wunderbar einfach. Alle, die regelmäßig oder gelegentlich meditieren, wissen, dass dies einem nicht immer so leichtfällt.

Zwei kleine Worte von Franz von Sales sind darum entscheidend: behutsam und sanft. *Behutsam* soll ich das Herz wieder an seinen Platz zurückholen und es *sanft* wieder in die Gegenwart versetzen. Wie oft tun wir – ohne böse Absicht – unserem Herzen Gewalt an. Kaum werden wir gewahr, dass wir abgeschweift sind und uns haben ablenken lassen, reißen wir uns los und stürmen in die Gegenwart zurück. Das erscheint mir aber mehr und mehr als eine Art gewalttätiger Meditation. Das soll es gerade nicht sein. Es geht nicht darum, mich von irgendetwas loszureißen. Es geht um Behutsamkeit und Sanftmut. In der Stille zu verweilen, um zu hören, ist eine Einladung, kein Zwang. Es ist eine ausgestreckte Hand, die mich in etwas Geheimnisvolles, Tiefes führen kann, wie mich ein Tänzer oder eine Tänzerin zum Tanz auffordert und durch feine, oft kaum sichtbare Bewegungen führt. Aber keine Hand, die ich einfach so ergreifen oder an der ich mich festklammern kann. Und sollte es mir passieren, dass ich aus dem Takt gerate, dass mir die Tänzerin entgleitet, weil ich mich von Gedanken und Gefühlen ablenken lasse – und das wird mir passieren, immer wieder –, so darf ich wieder in den Tanz zurückkehren, sanft und behutsam, im Rhythmus der Musik. Ich brauche mich nicht herumzureißen. Es geht nicht um einen abrupten Wechsel vom einen zum anderen, sondern um ein sanftes Wieder-Einschwingen in den Takt. Die ausgestreckte Hand wieder berühren und mich von neuem leiten lassen in die Bewegung der Musik. Tue deinem Herzen keine Gewalt an, gerade dann nicht, wenn es wandert oder leidet, das wollen die beiden kleinen Wörtchen „sanft“ und „behutsam“ uns sagen; zwei kleine Adjektive, die wir so schnell überlesen.

Bemühe dich nicht zu bleiben, sondern zurückzukehren

Ausgehend von diesem gewaltfreien Umgang mit dem eigenen Herzen verschiebt Franz von Sales die Perspektive noch in einem anderen Aspekt. Viele gehen in die Meditation mit der Absicht, ganz in der Gegenwart zu verweilen. Das mag sehr erfahrenen Menschen wie Mystikern oder Erleuchteten mehr oder weniger gelingen. Ich bezweifle aber sogar dies. Franz von Sales nimmt die Erfahrung auf, dass es den meisten von uns nicht gelingt, in der Gegenwart zu *bleiben*. Ja mehr noch: Er umschreibt tröstlich, dass es gerade darum gar nicht geht. Es ist nicht möglich, in der Gegenwart zu bleiben, obschon das mein Bemühen und meine Sehnsucht ist. Die Ablenkungen und Abschweifungen sind ständig da. Franz von Sales spricht uns zu: Das macht nichts. Wesentlich ist nicht, ob ich für immer und ewig bleiben kann. Das ist letztlich unmenschlich. Entscheidend ist einzig, dass ich immer wieder *zurückkehre*, dass ich mich immer wieder neu ausrichte. Er umschreibt damit sogar mein Lebensziel: Wenn ich mein Leben lang nichts anderes gemacht habe, als mich immer wieder neu auszurichten, obwohl ich immer wieder aus der inneren Mitte gefallen bin, so habe ich mein Leben wohl erfüllt.

Das wirft ein ganz anderes Licht auf die Meditation. Ich empfinde es als große Erleichterung. Wie oft habe ich das Gefühl, in der Stille zu scheitern. Ich fühle mich als Versager, weil ich nie so ganz in der Stille verweilen kann, wie ich es mir erhoffe oder wie ich denke, dass es sein müsste. Wie viel Zeit verbringe ich damit, mich mit anderen zu vergleichen und mir einzubilden, den anderen gelinge es viel besser als mir, in der Gegenwart zu bleiben. Ich verurteile mich dafür, dass ich mich wieder und wieder habe ablenken lassen. Ich werde wütend oder bin enttäuscht, dass ich abgeschweift bin. Nicht selten versuche ich, krampfhaft in der Gegenwart zu bleiben, indem ich mich an irgendetwas festklammere, mich geradezu festbeiße in der Absicht, „es" möglichst gut und richtig zu machen. Ich bezeichne eine solche Absicht – der ich übrigens öfter, als mir lieb ist, selber verfalle – gerne als spirituellen Hochleistungssport. In der Stille geht es jedoch niemals um Leistung, um richtig und falsch, erfolgreich oder erfolglos. Es geht niemals darum, zu scheitern oder gar für eine Ablenkung bestraft zu werden – wie verbreitet sind doch solche Gottesbilder noch immer.

Damit ich immer wieder in die Gegenwart zurückkehren kann, braucht es noch einen weiteren Schritt. Ich muss zuerst überhaupt merken, dass mein Herz wandert oder leidet. Das mag banal klingen, selbstverständlich ist es aber nicht. Wie oft bin ich so beschäftigt oder so sehr in meinen Gefühlen versunken, dass ich nicht einmal wahrnehme, dass ich abwesend bin. Ich spüre nicht einmal, dass „mein Herz leidet", weil ich mit meinem Leid, mit meinen Gefühlen so eins bin. Um das zu erkennen, muss ich achtsam sein. Oder besser gesagt: Ich muss achtsam werden. Das bedeutet: üben, üben, üben. In die Stille gehen und meditieren bedeutet also gerade nicht in der Stille verweilen. Das ist wohl meine Absicht und mein Bemühen, meine Sehnsucht auch. Meditieren bedeutet aber nach den Worten von Franz von Sales: merken, wenn ich abschweife, um dann gewaltfrei wieder zu mir, zu Gott, in die Gegenwart zurückzukehren.

Drei Dinge lehrt mich also Franz von Sales in Bezug auf das stille Gebet. Erstens: Es ist normal, dass ich immer wieder aus der Gegenwart herausfalle. Ich brauche nichts und niemanden dafür zu beschuldigen oder zu verurteilen, zuallerletzt mich selber. Zweitens: Meine Aufgabe ist es, meine Achtsamkeit zu schulen, damit ich merke, wo mein Herz ist, sprich: wie es mir geht und was mich beschäftigt. Dieses Üben von Achtsamkeit schließt ein, dass ich mir selber dabei keine Gewalt antue. Nur so kann ich mich, drittens, trotzdem und mit all dem, was mich beschäftigt, wieder neu in der Gegenwart ausrichten.

Die Erfahrung aus der Stille in den Alltag übertragen

Nach diesem Ausflug in die Praxis der Meditation kehren wir wieder zurück zum Ausgangsthema. Was kann uns Franz von Sales in Bezug auf Macht und Ohnmacht lehren?

Die Ohnmacht, der wir alle früher oder später im eigenen Leben begegnen, scheint mir dem wandernden und leidenden Herzen ähnlich zu sein. Wir wandern intuitiv mit und versuchen die Ohnmacht mit allerlei Tätigkeiten und Macht zuzudecken, damit sie uns nicht mehr bedrängt oder schmerzt. Franz von Sales lädt uns dazu ein, genau das sein zu lassen. Denn im Grunde würde ich sogar so weit gehen und behaupten, dass Ohnmacht unsere wahre Existenz ist. Wahre Macht hat nur einer: derjenige, dessen Namen wir nicht angemessen aussprechen können und den wir in unserer Hilflosigkeit oftmals einfach Gott nennen. Denn was immer wir tun und sosehr wir uns bemühen: Ein Rest Ohnmacht bleibt, immer.

Statt mit dem wandernden Herzen mitzugehen, ist es unsere Lebensaufgabe, zur Wirklichkeit – das bedeutet in unserer Betrachtung: zur Ohnmacht – zurückzukehren. Das ist auch aus psychologischer Sicht geboten, wie die bereits erwähnte Luise Reddemann schreibt: „Wenn ich mich ohnmächtig fühle, hilft es mir nicht, mich dagegen abgrenzen zu wollen, sondern ich sollte dieses sehr unangenehme Gefühl aushalten können. Ich sollte in der Lage sein, mich als nicht immer machtvoll annehmen zu können. Ein Kind kann das, wenn es sich geliebt fühlt. Wir als Erwachsene können das, wenn wir uns von uns selbst geliebt fühlen können."[1] Aus einer christlich-spirituellen Perspektive würde ich ergänzen: Wir Erwachsenen können das, wenn wir uns auch von Gott geliebt wissen. Dass das schwierig ist, werden wir noch sehen.

Trotzdem ermutigt uns Franz von Sales genau dahingehend: Erstens ist es normal, dass ich immer wieder an meine Ohnmacht stoße. Dein Herz wird immer wieder leiden im Leben, und du wirst immer wieder versuchen, genau das zu verhindern. Vergiss es. Darum geht es nicht. Dort, wo wir auf Ohnmacht stoßen, geht es nicht (mehr) darum, Leiden zu verhindern. Sondern dann geht es, zweitens, darum, unser Leiden und dasjenige der anderen wahrzunehmen. Vorbehaltlos zu erkennen, dass das Leiden bittere Realität ist. Ohne uns oder anderen dabei Gewalt anzutun, indem wir auf die Machtposition wechseln, die nichts zu verändern vermag. Bei allem Tragischen ist es unsere Aufgabe, das unabänderliche Leiden, den unausweichlichen Rest der Ohnmacht nicht zu verdrängen, nicht zu übertünchen, nicht mit Aktivismus zuzudecken – nicht zu helfen. Drittens: Kehre einfach – ja, was heißt in diesem Zusammenhang schon: einfach – zurück in die Gegenwart Gottes. Überlass ihm, was nicht deines ist. Versuche nicht, krampfhaft ohne Leiden zu bleiben. Das wird dir nicht gelingen. Aber höre nie auf, immer wieder ins Vertrauen zurückzukehren. Dann wirst du die wichtigste Lektion deines Lebens lernen: Du brauchst dich vor der eigenen Ohnmacht nicht zu fürchten.

10 – Die Antwort heißt: Vertrauen

Wie sieht Erlösung aus, Gott?
Ich weiß es nicht.
Ich weiß bloß, dass du mich mit leeren Händen liebst.
Arm möchte ich werden,
so arm,
dass nichts mehr zwischen dir und mir steht.
Wenn ich nichts mehr vorzuweisen habe,
halte ich dir meine leeren Hände hin,
meine ganze Bedürftigkeit.

Ich bin dein Gast, Gott,
ohne Gastgeschenk,
und berge mich in deiner Obhut.

Und plötzlich
malt das Zwitschern eines Vogels
mir ein Lächeln ins Gesicht.
Sieht so Erlösung aus?

LFS

Meinen Zugang zur Ohnmacht verdanke ich in mancherlei Hinsicht Richard Rohr, einem amerikanischen Franziskaner und Autor. In mehreren seiner Bücher hat er, vor allem mit Blick auf die Männerarbeit, einen interessanten Gedanken formuliert. Dieser besagt, dass wir Menschen in der Grundstruktur darauf aus sind, das Leben nach unseren eigenen Vorstellungen zu gestalten. Ich bin der Meinung, dass dies nicht bloß für Männer gilt, auch wenn Männer vielleicht noch stärker dazu neigen. Ich glaube, dass dies ein allgemeines menschliches Konzept ist, ein Grundkonstrukt, das in der einen oder anderen Weise jede Person erfasst. Wir tun so, als ob das Leben *unser* Leben sei, das *unsere* Handschrift tragen soll. Unsere Erfahrungen, unsere Interpretationen und unser Verstand sind dabei die Leitfeuer. So sind wir in unserem Leben auf drei Dinge ausgerichtet: Verstehen, Kontrollieren und Reparieren. Wir wollen verstehen, was um uns herum geschieht. Dass uns auch Dinge widerfahren, die wir nicht kontrollieren können, und es Zusammenhänge gibt, die wir nicht abschließend verstehen können, will nicht so recht in unseren Kopf. Mit viel Aufwand, um nicht zu sagen: mit aller Kraft, versuchen wir, unser Leben unter Kontrolle zu halten. Und sollte uns etwas entglitten oder zerbrochen sein, versuchen wir mit ebenso viel Kraft, es wieder unter Kontrolle zu bringen oder wieder ganz zu machen. Und zwar so, dass man möglichst keine Narben sieht. Alles soll so bleiben, wie es ist, oder wieder so aussehen, wie es war.[2]

Mit diesem Lebenskonzept machen wir unsere Rechnung allerdings ohne Gott. Wir haben unsere eigene Vorstellung von Glück und Heil. Woher nehmen wir diese? Und ist unsere Vorstellung vom Glück nicht allzu oft etwas gar einfältig und vordergründig? Ich meine damit nicht einmal so sehr den Umstand, dass viele von uns unter Glück materielle Dinge meinen wie Wohlstand, Erfolg und Ansehen. Nein, selbst wenn wir sehr spirituelle Personen sind und unsere Vorstellung von einem gelungenen Leben auch an dem orientieren, was wir nicht fassen können, so bleiben wir dennoch bei *unserer* Vorstellung von Glück und gelingendem Leben. Wenn wir zehn Personen fragen, was ein glückliches Leben sei, erhalten wir mindestens elf verschiedene Antworten. Welche ist nun die richtige? Reife Personen erkennen, dass es auf diese Frage keine abschließende Antwort gibt. In Bezug auf Glück gibt es keine allgemein verbindliche Antwort. Dass unsere Welt auch im religiösen Bereich vielfältiger geworden ist, ist neben aller Herausforderung auch eine Chance. Dank der vielen verschiedenen Bilder, Texte und Traditionen der verschiedenen Religionen und Weltanschauungen auf die Frage, was das Glück im Leben ausmache, können wir erkennen, dass es darauf keine eindeutige und keine einfache Antwort gibt. Etwas vereinfacht gesagt: Wir können nicht wissen, ob unsere Vorstellung vom Glück auch Gottes Vorstellung vom Glück ist. Vielleicht ist es bloß *meine* Vorstellung. Jemand anderes, die ja ebenso wie ich von Gott geliebt ist, hat eine andere Vorstellung, andere Prioritäten. Darum gibt es auf diese Frage kein Richtig und Falsch.

Gott will jedoch unser Glück und Heil, das ist mein tiefer Glaube. Jemand als Gott, die sich mit Leiden abfindet und nicht mitleidet, ist mir zu klein gedacht. Was also hält uns davon ab, darauf zu vertrauen, dass Gott auch und gerade da präsent ist, wo unsere Möglichkeiten ausgeschöpft sind? Rohr schreibt, dass Gott nur dort in unser Leben treten kann, wo wir sie hineinlassen.[3] In der Regel geschieht dies erst dann, wenn wir in irgendeiner Art und Weise gestört werden. Ohne Störungen halten wir das Leben fest im eigenen Griff und merken nicht einmal, dass wir damit Gott aussperren. Konkret beschreibt Rohr zwei „Störungen“: tiefe Trauer und tiefe Liebe.

Viele Personen, die Zeiten von Dunkelheit und Krisen durchlebt haben, berichten, dass gerade durch solche Erfahrungen eine gewisse Tiefe ins Leben getreten ist, die ohne solche Erfahrungen unmöglich erscheint. Die Erfahrung der Ohnmacht macht frei – ich weiß, dass dies eine gewagte Formulierung ist. Aber die Ohnmacht befreit mich vom Anspruch, alles allein bewältigen zu müssen. Durch die Erfahrung von Ohnmacht werde ich gezwungen, Kontrolle loszulassen, was ich ohne Ohnmacht kaum je wagen würde. Die Ohnmacht am Ende meiner Kräfte ist, wie wenn Gott mich überrumpelt und plötzlich in mein Leben tritt, um das Bild von Richard Rohr aufzugreifen. Vorher konnte sich Gott in meinem Leben gar nicht offenbaren, da der Platz durch mein Wollen und Tun ausgefüllt war. Ich habe Gott ausgesperrt durch meinen Machtwillen, durch meine Kraft, mein Tun und meine Kontrolle. Erst am Ende meiner Möglichkeiten kann Gott mich in die Tiefe und Weite führen.

Es gibt dieses Gefühl von Geborgenheit und Getragensein, wenn ich nichts mehr tun muss, weil ich nichts mehr tun kann. Personen, die trauern, kennen diese Erfahrung meist recht gut. In der ersten Zeit nach einem plötzlichen Verlust hadern wir oft. Wir wollen es nicht wahrhaben. Mit aller Kraft lehnen wir uns dagegen auf. Bis nach einiger Zeit –

und niemand kann sagen, wie lange es dauert bis zu diesem Augenblick – die Wut plötzlich stoppt. Nachdem innerlich so viel Aggression und wilde Kraft vorhanden war, kehrt plötzlich eine Ruhe ein. Auf einmal gelingt es uns wieder, still dazusitzen und der Tatsache ins Auge zu blicken, nachdem wir vorher nur unruhig auf und ab gehen konnten. In dieser Ruhe steigt bisweilen eine Kraft auf, die uns zu sagen scheint: „Es ist gut, wie es ist."

Für diese Erfahrung gibt es einen alten Begriff. Wir nennen sie Gnade oder Erbarmen. Dies sind schwierige Begriffe, mit denen in der Vergangenheit oft auch Schindluder getrieben worden ist. Man könnte sie vielleicht am ehesten mit der Erfahrung der bedingungslosen Gegenwart Gottes übersetzen. Vielleicht ist es zu viel verlangt zu behaupten, dass wir in einem solchen Augenblick, wenn wir am Tiefpunkt angelangt sind, glücklich wären. Vielmehr ist es ein Gefühl von Gelöstsein und Gelassenheit und die innere Größe, die Dinge so zu sehen und sein zu lassen, wie sie sind. Es ist gleichsam so, als ob es uns für ein paar Augenblicke gelänge, mit den liebenden Augen Gottes auf die Gegenwart und unser eigenes Leben zu schauen.

Neben großer Trauer gibt es gemäß Rohr eine zweite Erfahrung, die es uns ermöglicht, die Gegenwart Gottes unmittelbar wahrzunehmen: die Erfahrung tiefer Liebe. Die meisten von uns kennen den Zustand, wenn wir frisch verliebt sind. Da löst sich plötzlich alles auf. Gewissermaßen ist auch das eine Erfahrung von Ohnmacht, wenn auch eine sehr schöne. Wir haben plötzlich keine Macht mehr über uns und unsere Gefühle. Die Liebe macht mit uns, was sie will. Und durch diese Erfahrung weitet sich unser Horizont oft ins Unvorstellbare hinein. „Und dann würde, was uns groß und wichtig erscheint, plötzlich nichtig und klein", singt Reinhard Mey in seinem Lied „Über den Wolken". Das trifft es ziemlich gut. Plötzlich sehen wir die Welt mit anderen Augen, durch die vielzitierte rosarote Brille. Alles scheint zusammenzuhängen und eine Einheit zu bilden. Selbst widrige Umstände scheinen uns im Zustand des Verliebtseins noch irgendeinen Sinn zu ergeben. So stelle ich mir Gottes Blick auf die Welt und mein Leben vor: durch die Brille permanenter Liebe in mich, sein Geschöpf und Ebenbild. Traurigerweise gelingt es uns höchst selten, den Zustand der permanenten Liebe in unseren Beziehungen aufrechtzuerhalten. Noch schwieriger ist es, so auf uns selber zu schauen, wie Gott uns mit seiner liebenden Aufmerksamkeit betrachtet. Wie wir noch sehen werden, kann Liebe unseren Blick weiten in die Richtung, wie Gott uns sieht. Durch die Erfahrung von Liebe kann Gott in unser Leben treten.

Nun verläuft unser Leben in aller Regel so, dass wir nicht dauernd unterbrochen und gestört werden, weder durch ständige große Trauer noch durch andauernde tiefe Liebe. Solche außerordentlichen Zustände sind vergänglich. Zum Glück ist das so, denn alles andere würde uns überfordern, auch wenn ich uns die Erfahrung, dass wir ständig geliebt sind, durchaus wünsche. Aber weil Trauer und Liebe vergänglich sind, bleibt uns die meiste Zeit unseres Lebens bloß eine dritte Möglichkeit, um Gott in unser Leben eintreten zu lassen: indem wir die Kontrolle bewusst und absichtlich abgeben. Wo wir nicht sowieso mit Ohnmacht konfrontiert sind, indem wir trauern oder lieben, müssen wir uns durch fleißiges Üben der Ohnmacht überlassen, indem wir unsere eigene Macht beschränken und loslassen. Wir müssen uns selbst beschränken, um Gott einzulassen. Gott möchte uns arm empfangen, als Gäste ohne Gastgeschenk. Mit leeren Händen. Nur so kann uns Gott unverfälscht begegnen, ohne dass etwas zwischen uns steht. Wir nennen diesen Vorgang auch: Stille, Schweigen, Kontemplation, Meditation, im Jetzt sein, mich an der Gegenwart ausrichten, präsent sein, loslassen. In der Stille übe ich, mein Ego loszulassen, das sich ständig selbst im Spiegel betrachten und sich mit sich selbst beschäftigen möchte. Stattdessen werde ich in der Stille in mein wahres Ich verwandelt, zu meinem wahren Selbst. Zu dem, der ich im Innersten bereits bin: ein geliebtes Kind Gottes.

So kann uns Stille davor bewahren, unsere Grenzen zu ignorieren und uns zu Gott aufzuspielen. Im ersten Teil dieses

Buches haben wir gesehen, was geschieht, wenn wir unsere eigene Ohnmacht ausblenden. Überheblichkeit, Machbarkeitswahn, Distanz zu unseren Mitmenschen oder Burnout sind einige der möglichen Folgen. Durch eigene Not und eigenes Leiden werden wir an die eigene Ohnmacht herangeführt. Durch das Leiden anderer werden wir an unsere eigene Ohnmacht erinnert. Dort öffnet sich das Tor zur Ewigkeit; dort geht der Weg weiter. Wenn wir, an unsere Grenzen gelangt, andern und uns nicht mehr helfen können, gibt es nur noch eines, das wir tun können: vertrauen. Tiefe Trauer, tiefe Liebe und das Einüben von Stille sind im Grunde genommen ein- und dasselbe: das Einüben ins Vertrauen.

An dieser Stelle könnte man einwenden, dass es Personen gibt, welche nie die Gelegenheit hatten, Vertrauen zu lernen. Ja, dieser Einwand stimmt. Leider Gottes gibt es Lebenswege, die so sehr von Widrigkeiten geprägt sind, dass die betroffenen Personen es nie wagen konnten, loszulassen und zu vertrauen. Mit aller Kraft mussten sie am Machbaren festhalten und das Leben selber gestalten, um zu überleben. Eine solche Person würde fragen: Vertrauen, wie geht das?

Die Frage ist berechtigt. Diese Frage stellt sich aber immer auch Personen, die günstigere Lebensumstände angetroffen haben. Auch Personen mit wenig Gegenwind im Leben, ich zähle mich selbst zu diesen, hadern oft mit dem Vertrauen. Der Unterschied besteht höchstens in der Quantität, nicht in der Qualität. Damit meine ich, dass es eine Person in sehr schwierigen Lebensumständen vielleicht mehr Mut und Kraft kostet, Schritte ins Vertrauen zu wagen. Eine andere Person kann eher auf eine Erfahrung zurückgreifen, in der sie schon einmal Vertrauen gefasst hat, ohne dass dieses missbraucht worden wäre. Diese Erfahrung ermutigt sie möglicherweise, einen weiteren Schritt zu wagen. Aber ein Schritt bleibt ein Schritt. Ob schwierige oder vermeintlich leichte Lebensumstände: Nach meiner Erfahrung tendieren wir alle mehr oder weniger dazu, unser Leben selber im Griff haben zu wollen. Loslassen und Vertrauen kostet uns alle Überwindung, egal welche Lebensumstände ich bisher angetroffen habe. Ich glaube, dass Vertrauen keiner Person einfach so gegeben ist. Wir alle müssen Vertrauen *wagen*. Das bedeutet, uns ins Vertrauen einzuüben. Das kann nur Schritt um Schritt geschehen.

Wenn ich im vorangehenden Kapitel anhand der Zeilen von Franz von Sales gesagt habe, dass es kein Leben gibt ohne Leid und Ohnmacht, dass es also nicht darum geht, das Leiden absolut aus der Welt zu schaffen, so können wir hier sagen: Niemandem ist Vertrauen einfach so gegeben. Das liegt in der Natur des Vertrauens und hängt nicht so sehr von unseren Lebensumständen ab. Wir können immer nur einzelne Schritte in diese Richtung wagen. Nicht das Ziel ist das Ziel, sondern der Weg. Jeder einzelne Schritt zählt und bringt mich einen Schritt weiter. Vertrauen ist kein Zustand, sondern ein Üben.

11 – Loslassen statt Kontrolle

Christus,
du Brot des Lebens,
du gibst dich ungeschützt
dem Herzen meines Lebens.

Christus,
du Brot des Lebens,
du legst dich unverdient
ins Bitten meiner Hände.

Christus,
du Brot des Lebens,
du reichst dich liebevoll
der Armut meines Herzens

Nach Christa Peikert-Flaspöhler

Ich habe vor Jahren einige Monate in Kalifornien gelebt und als Seelsorger in einem Krankenhaus gearbeitet. Da habe ich gelernt, dass es vor der Küste Kaliforniens an manchen Stellen wirbelförmige Meeresströme gibt, welche sich über Distanzen bis zu mehreren Kilometern erstrecken. An einer Stelle strömt das Meer in einem weiten Bogen dem offenen Pazifik zu, um weit weg an anderer Stelle wiederum dem Ufer zuzuströmen.

Dabei kann es vorkommen, dass Schwimmer oder Surfer, wenn sie sich zu weit vom Ufer entfernen, von einer solchen Strömung erfasst werden. Fast unmerklich, aber stetig werden sie dann immer weiter hinaus aufs offene Meer getragen. Wer das merkt, beginnt intuitiv gegen die Strömung anzukämpfen. Mit aller Kraft versuchen die Betroffenen in der Regel zurück ans Ufer zu schwimmen. Aber die Strömung ist stärker. Man hat keine Chance, dagegen anzukommen. Viele, selbst gute Schwimmer sterben, weil sie bis zur Erschöpfung dagegenhalten.

Das Einzige, was einen in dieser Situation retten kann, geht völlig gegen unsere Intuition: Man muss sich treiben lassen.

Man muss seine Kraft sparen und dafür verwenden, nicht unterzugehen, aber auf keinen Fall darf man gegen die langsame Strömung ankämpfen. Gegen jeden Verstand muss man sich weit auf das offene Meer hinaustragen lassen und dabei nichts anderes tun, als den Kopf über Wasser zu halten – was anstrengend genug ist. Irgendwann einmal, ohne dass man genau wissen kann, wann und wo, wird einen die Meeresströmung wieder von selbst gegen die Küste hintragen. Wer sich gegen die Kraft des Meeres wehrt, hat verloren. Wer ihm vertraut und sich tragen lässt, wird gerettet.

Ich finde das ein überaus faszinierendes Bild für das Leben. Gleichzeitig muss ich vorausschicken, dass ich froh bin, niemals von einer solchen Meeresströmung erfasst worden zu sein. Ich weiß nicht, ob ich den Mut gehabt hätte, mich treiben zu lassen. Aber genau darum geht es.

Es gibt Situationen im Leben, in denen wir wie von einer Strömung erfasst werden, die uns irgendwo hintreibt, wo wir nicht hinwollen. Dies geschieht am Anfang oft unbemerkt. Plötzlich stellen wir fest, dass wir an einem anderen Ort stehen, als wir wollten, oder dass wir in eine andere Richtung driften, als wir uns vorstellten. Was dann?

Die meisten von uns werden automatisch versuchen, umzukehren und dagegen anzukämpfen. Manchmal mag das gelingen. Manchmal aber erschöpfen wir uns dabei. Das sind Ohnmachtssituationen. In solchen ist es fatal, wenn wir versuchen, uns dagegen zu wehren. Das ist gewissermaßen unser Todesurteil. Wir werden uns dabei erschöpfen. Das Einzige, was uns dann retten kann, ist loszulassen. Ich weiß, dass uns das völlig gegen den Strich geht. Es braucht unglaublich viel Mut und Willenskraft, in einer Situation von Ohnmacht loszulassen, statt sich festzuklammern. Unsere Intuition veranlasst uns, genau das Gegenteil zu tun: wir klammern uns fest, strampeln dagegen, kämpfen gegen die Strömung, bis uns das Wasser bis zum Hals steht und wir nur noch nach Luft schnappen – und trotzdem untergehen.

Wagen wir es hingegen, uns der Strömung hinzugeben, wird sie uns von selbst ans Ufer tragen. Nicht mehr dort, wo wir ursprünglich waren. Ziemlich sicher also nicht an dem Ort, wo wir glauben, sein zu müssen oder sein zu wollen. Aber wir kommen an, haben wieder festen Boden unter den Füßen und können weitergehen, zurück ins Leben gewissermaßen.

Ich erinnere mich an einen Gast auf dem Sonnenhügel, eine junge Frau Anfang dreißig. Sie kam zu uns für eine Auszeit von einigen Wochen. Über ihre Vorgeschichte wussten wir nicht viel. Dass es den einen oder anderen Stolperstein gab, ließ sie durchblicken, aber sie schien sich nicht sonderlich viel daraus zu machen. Sie lebte einfach mit uns und engagierte sich vielfältig im Haushalt und im Garten. Dabei legte sie eine große Lebensfreude an den Tag und wirkte eigentlich ganz robust.

Nach einigen Wochen jedoch gab es einen regelrechten Einbruch. Wegen eines simplen Formulars, mithilfe dessen sie einer Behörde gegenüber Auskunft über ihre Vergangenheit geben musste, brach ihre Geschichte ins Haus. Ab sofort war nichts mehr wie zuvor. Plötzlich quälten sie Ängste und Scham. An sich einfache Verrichtungen fielen ihr unglaublich schwer oder waren ihr gar unmöglich: zum Beispiel mit uns am Tisch zu sitzen, wenn es ihr nicht gut ging, oder einfach spontan zu sagen, was los war. Oft lief sie einfach weg und marschierte stundenlang in der Gegend herum oder fuhr Fahrrad und versuchte so, ihre Geschichte wieder zu vergessen. Aber sie ließ sie nicht mehr los. In ewiglangen Gesprächen begann sie uns im Vertrauen wenigstens ansatzweise davon zu erzählen, sodass sich Teil um Teil ein vielschichtiges Puzzle von Übergriffen, Hilflosigkeit und Beziehungsabbrüchen zusammensetzte. Es stellte sich heraus, dass sie bereits in jungen Jahren Erfahrungen mit der Psychiatrie gemacht hatte. In der Folge war eine geregelte Berufsausbildung für sie nicht möglich, was erheblich an ihrem Selbstwertgefühl kratzte. Nichts gelernt zu haben war für sie gleichbedeutend mit gesellschaftlich nichts wert zu sein. Was sollte sie auf die oft gestellte Frage „Was machst du?“ antworten? So zog sie sich zunehmend aus allen gesellschaftlichen Bezügen zurück. Sie machte in keinem Verein mehr mit, pflegte keine Kontakte mehr und wenn, dann nur, indem sie ihre Geschichte verschwieg und eine heile Fassade vorsetzte. Mit einem ungeheuer großen Aufwand versuchte sie, ihre Geschichte zu verdrängen.

Dieser Verdrängungskampf erinnert mich an die Strömung vor den Küsten Kaliforniens. Ohne Absicht und anfangs ohne es zu merken, geriet die junge Frau in einen Strudel. Es fing an mit der Scheidung der Eltern, als sie noch ein kleines Kind war: ein erster Vertrauensbruch in maßgebenden Beziehungen. Danach die ersten schulischen Schwierigkeiten. Etwas später die erste Angst, einen Fehler zu machen und Menschen zu enttäuschen. Diese Angst begann sie zu lähmen. Besser nichts entscheiden und abwarten, als möglicherweise eine falsche Entscheidung zu treffen. So ergab eines das andere. Bis sie plötzlich dastand und realisierte, wie viel auf der Strecke geblieben war in den letzten Jahren.
Dann begann sie zu kämpfen. Mit aller Kraft versuchte sie sich und anderen zu beweisen, was sie kann und wozu sie fähig ist. So wie in der ersten Zeit auf dem Sonnenhügel, als wir sie so robust und kreativ erlebten. Sie ist in der Tat eine Frau mit vielen Begabungen und Fähigkeiten. Aber sie verwendete diese zunehmend nicht mehr, um die Krise zu bewältigen, sondern um sie zu verdrängen. Ein Nicht-wahrhaben-Wollen ihrer belasteten Seite. Sie glaubte, solange sie nicht darüber spreche, sei sie nicht wahr. Solange niemand davon wusste, sei sie nicht da. Sie wollte nicht als die Kranke gesehen werden. Und das auch dann nicht, als praktisch nichts mehr ging.

Es dauerte eine Weile, bis wir dieses Muster in der Begleitung erkennen und ihr spiegeln konnten. Diese Frau ist für mich ein wertvolles Beispiel in Sachen Ohnmacht. Sie hat mir eindrücklich vorgelebt, wie es nicht funktionieren kann. Ich kann mich gut erinnern, wie mir in einem Gespräch mit ihr plötzlich das Bild der Ozean-Wirbel in Kalifornien wieder in den Sinn gekommen ist. Dieses Bild half uns, gemeinsam zu schauen, was es bedeuten könnte, loszulassen, statt weiterhin krampfhaft die Kontrolle behalten zu wollen.

In der Begleitung gelang es mir, hinzuschauen und gewahr zu werden – solange es ihre Geschichte betraf. Eine Weile später jedoch, die Frau war inzwischen wieder in ihre Heimat zurückgekehrt, dämmerte mir, wie ich oft selbst in dieser Dynamik gefangen bin, ohne es zu merken. Anhand dieser Geschichte wurde mir bewusst, dass das eben nicht nur ihre Geschichte und nicht nur ihr Bild ist, sondern auch meines. Gegen wie viele Strudel im eigenen Leben kämpfe ich im Kleinen wie im Großen! Wie sehr sträube auch ich mich, die Kontrolle im rechten Moment abzugeben und mich dem großen Strom des Lebens anzuvertrauen! Oder christlich und mit den Worten von Christa Peikert-Flaspöhler gesprochen: Wie oft zweifle ich daran, dass sich Christus mir ungeschützt, unverdient und liebevoll schenkt! Auch hier also: Menschen in Not können für uns große Lehrmeister sein. Sie haben uns oftmals mehr zu sagen als wir ihnen.

12 – Den Armen arm umarmen

Mein Gott,
nimm alles von mir,
was mich hindert zu dir.

Mein Gott,
gib alles mir,
was mich führet zu dir.

Mein Gott,
so nimm mich mir
und gib mich ganz zu eigen dir.

Niklaus von Flüe

Vier kleine Worte umschreiben nach meinem Empfinden sehr präzise unsere gegenwärtige gesellschaftliche Situation und das Lebensgefühl unserer (und vermutlich auch der nächstfolgenden) Generation: *alles*, *immer*, *sofort* und *überall*.

Wir wollen *alles* haben und bilden uns ein, dass wir alles haben können. Unser Geld und unser Reichtum verleiten uns zu diesem Irrglauben. Unsere Supermärkte und Einkaufszentren beflügeln diese Vorstellung. Dort ist nicht nur alles zu haben, sondern auch noch alles im Übermaß vorhanden. Wir machen uns vor, alles kaufen und alles machen zu können.

Wir wollen alles *immer* haben. Die Regale in den Supermärkten sind nicht bloß voll – sie sind immer voll. Die Jahreszeiten sind in unseren Läden weitgehend verschwunden. Ohne Saison-Tabelle aus dem Kochbuch wissen viele gar nicht mehr, zu welcher Jahreszeit bei uns überhaupt welche Früchte und Gemüse reifen. Sollte ein Produkt einmal nicht vorhanden sein, wird es einfach importiert. Das Angebot gaukelt uns vor, als sei immer alles zu haben. Wir kennen keinen Mangel (mehr).

Wir wollen alles immer *sofort* haben. Auf etwas zu warten sind wir kaum mehr gewohnt. Warten ist verlorene Zeit, wenn wir Zeit in Geld ummünzen wollen. Warten langweilt uns. Wenn uns etwas fehlt, so wollen wir es am liebsten sofort haben. Darum müssen die Supermärkte möglichst rund um die Uhr geöffnet haben, damit wir unsere Bedürfnisse jederzeit sofort erfüllen können. Alles andere bestellen wir mittlerweile sowieso im Internet – und erwarten je länger, desto mehr, dass es noch am gleichen Tag geliefert wird. So brauchen wir nicht mehr vorausschauend zu planen und niemals mehr etwas zu entbehren.

Wir wollen alles immer sofort *überall* haben. Insbesondere das mobile Internet hat seit einigen Jahren diesem letzten der vier Worte zum Durchbruch verholfen. Vieles scheint nicht mehr an einen bestimmten Ort gebunden. Durch die drahtlose Vernetzung sind wir, in einem materiellen Sinne, jederzeit mit allem und allen vernetzt. Wir können überall arbeiten, E-Mails checken, den Wetterradar abrufen, Filme schauen, News lesen. Selbst an den entlegensten Orten können wir auf unsere Daten und die Informationen des Internets zugreifen. Wir brauchen nichts mehr zur Seite zu legen für später, weil wir überall holen können, was uns fehlt. Das verändert nicht bloß die Arbeitswelt, sondern zum Beispiel auch die Bedeutung von Archiven. Unser Wissen und die Kenntnis der Vergangenheit scheinen jederzeit überall abrufbar – solange die Technik funktioniert und genügend Empfang vorhanden ist.

Alles immer sofort und überall ist aber eine Illusion. Mit Blick auf Technik und Materielles mag uns dies vielleicht als erstrebenswerte Vision erscheinen. Mit Blick auf Themen wie Sinn, Liebe, Hoffnung oder Vertrauen hingegen ist es definitiv eine Illusion. Spätestens wenn wir in eine Krise geraten, also wenn wir mit einer Ohnmacht konfrontiert sind, die wir nicht selber beseitigen können, müssen wir realisieren, dass wir mit Entbehrung, Geduld, Leere und tastenden Schritten in Richtung Vertrauen umgehen lernen müssen.

Das ist unangenehm, aber nicht schlimm. Im Gegenteil. Nehmen wir das Stichwort Langeweile.

Ich kann das an meinen beiden Töchtern gut beobachten. Als Zwillinge sind sie es gewohnt, praktisch dauernd eine Spielkameradin zu haben. Sollten einer der beiden mal die Ideen ausgehen, ist es in aller Regel nicht weit bis zum nächsten Impuls von der Schwester. Ist aber mal eine der beiden Töchter auf sich alleine gestellt, geht es oft nicht lange, bis sich Langeweile breitmacht. Der erste Impuls ist dann meist, irgendeine Ablenkung zu suchen. Es muss immer sofort etwas gehen. Im Zweifel kann man ja den Papa im Büro aufsuchen und schauen, ob er Zeit für ein Spiel hat oder immer noch an seinem Buch schreibt …

Dabei ist Langeweile eine wichtige Quelle der Kreativität. In der Leere kommen wir auf neue Ideen. Decken wir die Leere sofort, überall, immer mit irgendeinem neuen Impuls zu, entreißen wir uns selbst die Möglichkeit, dass etwas wachsen kann. Denn Wachstum braucht Zeit. Das geschieht nicht sofort, nicht immer, nicht überall. Sondern nur, wenn die Wachstumsbedingungen stimmen und auch dann nur langsam, nach und nach. Und Wachstum legt nahe, dass da etwas ohne unser eigenes Zutun wächst. Etwas, das nicht aus uns kommt und somit über uns hinausweist. Daher halte ich es für wertvoll, um nicht zu sagen für notwendig, dass wir uns Geduld, Verzicht und Entbehrung zumuten.

Ich würde meinen, dass viele von uns grundsätzlich nichts dagegen einzuwenden haben, wenn mal ein Bedürfnis nicht sofort erfüllt werden kann. Grundsätzlich sind wir in der Lage, unsere Bedürfnisse zu regulieren und auch auf das eine oder andere zu verzichten. Das gilt zumindest für Bedürfnisse, die nicht existenziell sind, die unser Leben also nicht gefährden. Sogenannte existenzielle Bedürfnisse wie Essen, Schlaf und Wärme sind hingegen nicht verhandelbar. Ohne sie können wir auf Dauer nicht überleben. Trotzdem leben wir in der Erwartung, dass alle auch nicht-existenziellen Bedürfnisse immer sofort überall zu befriedigen sein müssten. Ich glaube, das ist der Fall, weil Entbehrung und Mangel an unserem Bedürfnis nach Sicherheit rütteln. Und Sicherheit ist auch ein existenzielles Bedürfnis.

Wenn wir uns bewusst wären, dass auch im materiellen Sinne nicht immer alles zur Verfügung steht, so würde uns umgehend bewusst, dass dies umso mehr für nicht-materielle Dinge gilt. Unsere berechtigten Bedürfnisse nach tragenden Beziehungen, Zugehörigkeit, Verlässlichkeit und Planbarkeit, nach Liebe und Geliebtwerden, nach Heimat (was nicht dasselbe ist wie ein Zuhause) und Gesundheit, unser Bedürfnis, jemand zu sein und als jemand gesehen zu werden, all diese Bedürfnisse können wir nicht beliebig befriedigen. Dahinter stehen immaterielle Werte, über die wir nicht verfügen können. Im Grunde wissen wir dies wohl, aber wir tun uns schwer damit, das auch wirklich für wahr zu halten. Denn damit müssten wir erkennen, dass vieles in unserem Leben nicht sicher ist. Selbst wenn wir uns gegen vieles abzusichern und zu versichern versuchen: Wir wissen nicht, was das Morgen bringt.

Diese Einsicht erschüttert unser berechtigtes und unentbehrliches Bedürfnis nach Sicherheit. Wir müssen uns sicher fühlen, um zu leben und uns entfalten zu können. Wer in dauernder Unsicherheit lebt, wird ängstlich und deren Leben wird eng. Also suchen und kaufen wir uns irgendwelche Absicherungen, die uns wenigstens das Gefühl von Sicherheit vermitteln. Und zwar immer, sofort und überall. Damit überblenden wir die Tatsache, dass es keine letzte Sicherheit in unserem Sinn gibt – und wir aus spiritueller Sicht dennoch gehalten sind.

In diesem Zusammenhang beeindruckt mich die Hartnäckigkeit, mit welcher Klara von Assisi an ihrem Lebensentwurf festgehalten hat. Aufgewachsen war sie als Tochter einer Adelsfamilie in einem damals üblichen Wohnturm. Dieser vermittelte rein architektonisch eine große Sicherheit: Nichts und niemand konnte von außen eindringen. Diese Sicherheit gab Klara auf, um ihrem Vorbild Franziskus und seiner Bewegung zu folgen. Damit verbunden war nicht bloß ein Ortswechsel vom gesicherten Wohnturm in die Ungewissheit eines Lebens vor den Toren der Stadt – für damalige Frauen schier undenkbar und ein Skandal. Damit gab sie sämtliche Sicherheiten auf, die wir uns nur vorstellen können: geregeltes Einkommen, regelmäßige Mahlzeiten an einem reich gedeckten Tisch, Gesundheit, Altersvorsorge, gesellschaftliche Zugehörigkeit; nichts mehr von alldem war ihr sicher. „Es war wohl dies das größte Wagnis, das Klara im Frühling 1211 [bei der nächtlichen Flucht aus dem Wohnturm, LFS] eingegangen war: auf alle (möglichen) Fragen noch keine Antworten zu haben – und dennoch zu beginnen. Überzeugt und überzeugend genug zu sein, den ersten Schritt zu tun. Sie brachte ausreichend Vertrauen mit, dass Gott im Himmel die weiteren Schritte mit ihr gehen würde."[4]

Im Verlauf der Bewegung bemühten sich verschiedene Päpste und ihre Stellvertreter, das Leben der Klara und ihrer Gefährtinnen zu regulieren und sie in die Sicherheit eines geordneten Klosters zu überführen. Klara wehrte sich standhaft und mit Erfolg dagegen. Armut war eines ihrer größten Ideale, wenn nicht überhaupt das größte. Niemals war sie bereit, ihre selbstgewählte Armut gegen Sicherheit einzutauschen. In diesem Zusammenhang prägte sie den Ausspruch: „Den Armen arm umarmen". Mit dem Armen meinte sie Jesus: arm als Obdachloser geboren und arm als Verbrecher hingerichtet. Jesus musste sich nicht mit den Armen solidarisieren. Er war selbst einer von ihnen.[5] Anders als in radikaler Armut konnte sie sich nicht vorstellen, Jesus Christus nachzufolgen.[6]

Was mag Klara dazu motiviert und ermutigt haben? Ich kann nicht an ihrer Stelle sprechen, aber ich stelle mir vor, dass sie in der selbstgewählten Unsicherheit eine Sicherheit erfahren hat, die sich nicht mit materiellen Dingen erkaufen lässt: Vertrauen. Ein Vertrauen, das uns die Sicherheit gibt, dass das Leben nicht willkürlich ist, selbst wenn wir es als unsicher erfahren. Dass wir nicht wie ein einsames Staubkorn ins All geworfen, sondern in allem und trotz allem getragen und geliebt sind. Die Zeugnisse ihres Lebens deuten darauf hin, dass ihr dieses Vertrauen ins Leben auch nicht zu jeder Zeit wie ein voller Topf zur Verfügung stand. Vielmehr ging es ihr darum, sich immer wieder neu in dieses Vertrauen einzuüben. Das geschieht in kleinen Schritten.

Übersetzt für uns bedeutet dies einmal mehr: Vertrauen können wir nicht haben, ins Vertrauen können wir bloß hineinwachsen. Dazu ist es notwendig, dass wir uns nicht der Scheinsicherheit hingeben, dass alles immer sofort überall möglich sei. Nur eines ist immer und überall garantiert: dass wir getragen und geliebt – also sicher sind.

13 – Umkehr umgekehrt betrachten

Kleiner Gott

Ich staune
wie groß
aber mehr noch
wie klein du bist –
ein Bissen Brot
ein Schluck Wasser
ein Türspalt Atem

Jacqueline Keune[7]

„Umkehr" ist ein wichtiger Begriff in der Bibel. Er kommt an einer Stelle vor, die aus Sicht der Bibelwissenschaft ganz zentral ist: „Die Zeit ist reif und Gottes neue Gesellschaftsordnung ist angebrochen. *Kehrt um* und glaubt an die frohe Botschaft" (Mk 1,14–15). Mit diesen Worten beginnt das öffentliche Wirken Jesu. Diese beiden Sätze fassen gewissermaßen das Wirken Jesu zusammen. Entsprechend habe ich mir die Umkehr immer wieder zu Herzen genommen.

Zugegebenermaßen hat mich der Begriff Umkehr aber auch lange Zeit irritiert. Mehr unbewusst als bewusst hat er mir manchmal ein schlechtes Gewissen gemacht. Ich konnte darum im Grunde genommen wenig mit ihm anfangen. Warum sollte ich umkehren, da ich mich doch so sehr darum bemüht habe, auf den rechten Weg zu kommen? Stehe ich etwa nicht am richtigen Ort im Leben? Zumal ich mir als Theologe die Nachfolge zum Beruf gemacht habe! Warum sollte ich zurück? Was ist falsch an dem Weg, den ich eingeschlagen habe?

Gerade durch meine Begleitung von Menschen bin ich immer kritischer und skeptischer geworden gegenüber diesem Begriff. Ich habe Menschen kennengelernt, die die Krise, in die sie hineingeraten sind, als Strafe Gottes interpretieren. Wenn sie etwas erleben, das sie nicht beeinflussen können, glauben sie schnell einmal, dass Gott auf magische Weise die Hand im Spiel hat. Das schürt das Gefühl, an der Misere selber schuld zu sein. Sie glauben, auf einen Irrweg geraten zu sein. Die Rede von der Umkehr kann diese Gefühle noch verstärken. Der Begriff „Umkehr“ kann unser Denken in Kategorien von „richtig“ und „falsch“ lenken, was wenig hilfreich ist. Das klingt dann in etwa so: Wenn ich auf dem Irrweg bin, dann muss ich eben umkehren und alles anders machen. Dann ist nichts mehr richtig von dem, was mich bisher ausgemacht hat. Mir gehen dabei Menschen durch den Kopf, die aufgrund einer Krise alles in Frage stellen, was sie bisher getragen hat: Wohnort, Beziehungen, Arbeitsstelle und so weiter.

Meine Erfahrung lehrt mich, dass es in den seltensten Fällen nötig oder sinnvoll ist, auf dem eigenen Lebensweg umzukehren im Sinne einer radikalen Wende. Diese Erkenntnis finde ich zum Beispiel entlastend im Hinblick auf große Entscheidungen. Selbstverständlich gibt es Entscheidungen, welche das ganze zukünftige Leben prägen: die Berufswahl, die Wahl des Partners, die Frage nach eigenen Kindern. Auch den Wohnort wechseln die meisten Menschen ab einem gewissen Alter nicht mehr allzu oft. Manche Menschen tun sich mit solchen Lebensentscheidungen schwer. Die Angst vor einer Fehlentscheidung blockiert sie. Das kann so weit führen, dass solche Menschen sich gar nicht mehr entscheiden, sich gar nicht mehr festlegen können.

Ich glaube aber, dass es auch bei großen Entscheidungen letztlich nicht um richtig oder falsch geht. Es gibt in gewissem Sinne keine falschen Entscheidungen. Die Konsequenzen einer großen Entscheidung für das weitere Leben sind nicht zu bestreiten. Aber jede Entscheidung, auch wenn sie eine große Tragweite hat, ist eine Entscheidung im jetzigen Moment. Sollte sich herausstellen, dass eine einmal getroffene Entscheidung nicht (mehr) lebbar ist (ich spreche auch hier bewusst nicht von einem Fehler), ist immer eine Korrektur im Sinne einer neuen, weiteren Entscheidung möglich. Schließlich ist das Leben im Fluss und alles verändert sich fortlaufend.

Das Denken in Kategorien von „richtig“ und „falsch“ ist auch in einem weiteren Zusammenhang nicht hilfreich. Im Laufe des Lebens eignen wir uns verschiedene Muster an. Diese Muster sind in den allermeisten Fällen eine Art Überlebensstrategie. Sie ermöglichen uns manchmal für lange Zeit, auch mit schwierigeren Lebensumständen klarzukommen. Nun kann es vorkommen, dass sich in einer Krise das eine oder andere Muster als nicht mehr hilfreich oder sogar kontraproduktiv herausstellt. Konkret denke ich etwa an Menschen, die traumatisiert sind. Dann ist es sinnvoll oder notwendig, dass wir neue Bewältigungsstrategien ausprobieren.

Dieses Umlernen oder Verlernen von alten Mustern hat aber selten den Charakter einer radikalen Umkehr, sondern entspricht eher einer Horizonterweiterung. Zu den Mustern, die uns schon vertraut sind, kommen neue hinzu, die wir uns erst erarbeiten müssen. Vielen von uns unterläuft der Fehler, dass wir meinen, alte Muster nur aus dem Weg räumen zu können, indem wir sie verurteilen. Wir haben plötzlich das Gefühl, als seien die bisherigen Muster, die uns auf einmal im Wege stehen, grundsätzlich falsch. Radikal wollen wir sie über Bord werfen. Dabei verkennen wir, dass sie uns bisher immerhin geholfen haben, durchs Leben zu kommen. Ohne diese Überlebensstrategien wären wir kaum, wo wir heute sind. Nur weil sie uns jetzt nicht mehr tragen, sind die bisherigen Muster und Strategien nicht falsch. Verurteilen wir sie und damit auch uns also nicht unnötig. Es ist nicht alles Bisherige falsch, nur weil es sich in der Krise als untauglich herausstellt. Getrost dürfen wir es stehen lassen und Neues hinzustellen.

Wie bisher kann ich den Begriff „Umkehr“ also nicht mehr lesen. Wenn ich ihn trotzdem als zentralen Begriff in der christlichen Botschaft stehen lassen will, braucht es einen neuen Blick auf diesen Begriff. Diesen neuen Blick ermöglicht mir ein Ausflug in die Sprachwissenschaft. Das griechische Wort, das im Urtext der Bibel steht und meist mit Umkehr übersetzt wird, heißt *metanoiete*. Wörtlich bedeutet dieses Verb nicht so sehr: kehrt um, sondern: ändert euren Geist, verändert eure Blickrichtung.[8] Das Wort meint nicht eine geografische Richtungsänderung, sondern eher etwas in Richtung von „aufwachen" und „neu hinschauen", also „die Sache aus einer anderen Perspektive betrachten". Wacht auf und verändert euren Blickwinkel (und damit zusammen auch euer Gottesbild), wäre dann also die Botschaft.

Somit spricht für mich „Umkehr" plötzlich mitten hinein in unser Thema der Ohnmacht. Ohnmacht entsteht, wo ich meine, mich gegen irgendeine Situation mit Macht auflehnen zu müssen. Weil ich glaube, die Situation, in der ich mich vorfinde, stehe dem Leben und meinen Interessen entgegen. Aus christlicher Sicht gibt es aber keinen Anhaltspunkt für diese Sichtweise. Nichts kann der größeren Liebe Gottes entgegenstehen, auch die größte Not nicht. Es mag sich so anfühlen, als sei ich getrennt von Gott. Aber ich bin es nicht. Seine Gegenwart ist immer schon gegeben, vor jeder Vorleistung und ohne jegliche Bedingung. Das Einssein ist die Wirklichkeit, das Getrenntsein eine Illusion. Wir haben das in der Einleitung schon kurz gestreift. Diese christliche Grundbotschaft finden wir gespiegelt in der Natur, im Mikro- und Makrokosmos, im Universum: Alles ist mit allem verbunden und ich bin ein Teil davon, mittendrin. Das Einssein vollzieht sich mit jedem Atemzug in meiner innersten Mitte, in meinem unversehrten Wesenskern. Das Leben Gottes geschieht im Menschen selbst. Wo sonst? Der Mensch kommt zu sich selbst, wo er sich als Teil dieser göttlichen Wirklichkeit erkennt.

„Umkehr" meint, genau diese Perspektive einzunehmen. So gesehen ist Umkehr wie ein Aufwachen aus einem bösen Traum. Viele Nöte lassen unsere bisherige Identität zerbröseln, indem sich Muster, mit denen wir uns identifiziert haben, als untauglich erweisen. Bleiben wir auf dem Pfad der Macht, klammern wir uns an dieser überholten Identität fest. Lassen wir diese jedoch zerbrechen, landen wir bei der Frage: Wer bin ich? Und das ist dieselbe Frage wie: Wer ist Gott? Zusammen sind diese beiden Fragen die Grundfragen des menschlichen Lebens: Wer bin ich, jenseits dessen, was ich von mir halte und was ich glaube, dass andere von mir halten? Und wer bist du, Gott, jenseits dessen, wie ich mir dich vorstelle?

Ohnmacht hat das Potenzial, uns für diese neue Sichtweise auf Gottes Wirklichkeit zu öffnen. Umkehr meint nicht, meine bisherige kleingläubige Sichtweise zu verurteilen. Umkehr meint, mich einer neuen Sichtweise gegenüber zu öffnen, ohne im Voraus zu wissen, was mich erwartet. Dann erkenne ich den großen Gott vielleicht als ganz klein, ein Bissen Brot – ein Schluck Wasser – ein Türspalt Atem, und gerade darum auf ganz neue Weise so groß.

14 – Aushalten ist nicht Warten

Buße

du brauchst
kein Büßerhemd
und keine Geißel
das Leben selbst kasteit dich
und jeder Tag legt dir
seine Bußgürtel an

immer wird dir
etwas vorenthalten
aus möglicher Fülle
immer musst du
dich zurücknehmen
an der Grenze des anderen

nicht das
in heimlichem Stolz
frei Gegebene
macht das Armwerden
so schwer
sondern das dir
wider Willen Entrissene

und mehr als alle
selbstersonnene Bußübung
zählte es
könntest du in dem
dir aufgegebenen Schweren
Gottes geheimnisvoll wirkende Hand
noch verehren

Andreas Knapp[9]

Eine Gästin, die ich begleite, kam neulich an einem Abend ziemlich spät ganz verzweifelt zu mir. Das Leben dieser Frau scheint seit längerer Zeit ins Stocken gekommen zu sein. Immer wieder legen sich ihr Steine und Barrieren in den Weg. Sie ist nicht an dem Ort im Leben, an welchem sie sein möchte. Nicht in Bezug auf Ausbildung und Beruf, nicht in Bezug auf Partnerschaft und Familie, nicht in Bezug auf ihre Gesundheit. Auf allen Ebenen widerfahren ihr Dinge, denen sie scheinbar machtlos ausgeliefert ist.

So auch an jenem Abend. Plötzlich hatte sie etwas aus der Vergangenheit eingeholt. Dieses Etwas hatte sie durchgeschüttelt und blockiert. Plötzlich ging gar nichts mehr. Es ging weder vorwärts noch zurück. Alles war in Frage gestellt, selbst das Weiterleben. Die Frau war komplett blockiert, ohnmächtig und handlungsunfähig. Sie wusste nicht einmal mehr, was sie als Nächstes tun sollte. Sollte sie gehen oder bleiben, sollte sie stehen oder sitzen, sollte sie leben oder sterben? Trotz später Stunde war an Schlaf gar nicht erst zu denken.
Diese Ohnmacht übertrug sich spürbar auch auf mich. Ihre Not war so mit Händen zu greifen, dass auch ich nicht wusste, was ich an ihrer Stelle als Nächstes tun würde. Es war für mich unmittelbar spürbar und nachvollziehbar, dass hier etwas ins Stocken geraten war. Wie sollte ich in dieser Situation reagieren?
Einen Hinweis glaubte ich zu erahnen. Es gab einen Augenblick in unserem Gespräch, in dem die Frau wie aus dem Nichts heraus sagte: „Jetzt geht es mir wieder gut." Nachdem sie sich über längere Zeit die Ohnmacht aus dem Leib geredet und über noch längere Zeit einfach ohnmächtig geschwiegen hatte, kam dieser Satz so aus heiterem Himmel, dass ich innerlich skeptisch blieb. Es schien zwar, als blitzte doch noch ein Rest Lebensenergie und Perspektive in ihr auf. Aber dieses Aufblitzen war von kurzer Dauer. Es zeigte sich, dass dieser Satz keine innere Erkenntnis war, sondern etwas, das sie sich gerne einreden würde. Sofort stürzte dieses Kartenhaus wieder in sich zusammen und die Leere nahm sie wieder ein.
Da wurde mir bewusst, dass diese Frau große Widerstände hat gegenüber ihrer Situation. Das ist durchaus verständlich. Aber alles Schönreden und positive Denken nützte nichts. Die Wirklichkeit war Wirklichkeit und hieß: Es geht ihr überhaupt nicht gut, sie weiß nicht mehr weiter – und sie kann das im Moment nicht akzeptieren. Je länger die Begegnung dauerte, desto klarer wurde mir: Sie will nicht, dass es so ist, wie es ist. Stattdessen redet sie sich ein, dass es anders

wäre. Wie es ist, darf nicht wahr sein. Und doch war es – leider – wahr. Und diese Wahrheit muss sie erst an sich heranlassen können, damit sie sich wird verändern können.
Behutsam, aber ehrlich zeigte ich der Frau auf, dass jetzt, an diesem Abend, nichts zu tun sei. Ich verschonte sie nicht mit der Erkenntnis, dass sie an jenem Abend unfähig war, irgendetwas an ihrer Zukunft zu verändern. Sie musste aber auch gar nichts ändern. Für diesen Abend stand keine Entscheidung an. Es lief kein Termin und keine Anmeldefrist davon. Sie musste sich niemandem gegenüber rechtfertigen. Das Einzige, was jetzt zu tun war, war, das Leben zu schützen. Das bedeutete konkret und schlicht: da sein, den Boden unter den Füßen erspüren, sich über den Atem versuchen zu beruhigen, für ihre Sicherheit sorgen und gemeinsam überlegen, was ihr helfen könne, Schlaf zu finden. Morgen dann würde ein neuer Tag sein. Mit anderen Worten: Ich forderte die Frau auf, jetzt im Augenblick bewusst nichts zu tun, sondern ihre missliche Situation ganz an sich herankommen zu lassen und: auszuhalten.
Ihre spontane Antwort überraschte mich – sie ist im Nachhinein betrachtet aber ganz und gar nicht überraschend, sondern vielmehr entlarvend ehrlich. Mit großen Augen schaute mich die Frau an und meinte: „Ich kann doch nicht einfach warten, ich muss doch etwas tun.“

Diese Antwort hat mir ein Missverständnis bewusst gemacht. Von Warten habe ich nichts gesagt. Aushalten war mein Stichwort. Aushalten heißt nicht warten. Das ist ein Unterschied.

Warten ist passiv, untätig. „Ich kann ja eh nichts ändern“, ist in etwa die Haltung dahinter. Warten in dem Sinne, wie die Frau das Wort gebrauchte, bedeutet, in einen Pessimismus zu versinken: Es wird sowieso nie mehr besser, warum soll ich auch etwas tun? Es ist so und es bleibt so und es ist immer schon so gewesen. Warten ist mit Hoffnungslosigkeit verbunden. Wie wenn ich an einer Bushaltestelle warten würde, an der nie ein Bus fährt, weil die Linie schon lange eingestellt ist. Aber der Fahrplan hängt noch. Warten ist ohne Perspektive: Wozu und worauf soll ich warten? Warten auf den Tod?

Warten heißt: nichts tun und gleichzeitig die Möglichkeit ausschließen, dass sich etwas verändert.

Aushalten hingegen meint etwas sehr Aktives. Die Verwechslung mit Warten ist insofern naheliegend, als dass äußerlich kein großer Unterschied besteht. Auch wenn ich eine Situation aushalte, weil ich sie nicht unmittelbar selber verändern kann, bin ich äußerlich untätig. Innerlich allerdings gar nicht. Etwas auszuhalten heißt erst einmal, dass ich mir meiner Situation schonungslos bewusst werden muss. Ich muss die Wahrheit an mich heranlassen und den Tatsachen ins Auge schauen. Das ist alles andere als passiv, das erfordert nämlich eine gehörige Portion Mut und Kraft: Mut zur Wahrheit und Kraft, die Spannung auszuhalten zwischen dem Zustand, wie er jetzt ist, und jenem Zustand, wie er sein sollte oder wie ich zumindest möchte, dass es sei. Solange ich die Wirklichkeit von mir fernzuhalten versuche, kann ich sie nicht aushalten. Der erste Schritt zum Aushalten heißt also: wahrnehmen, für wahr nehmen, was ist. Dazu gehört auch, nicht über den jetzigen Zustand zu urteilen. Selbst dann nicht, wenn alles in mir Nein schreit. Das, was ich jetzt nicht ändern kann, vorbehaltlos annehmen. Nicht dass ich erwarte, dass uns das einfach so gelänge – aber ohne Schritt in diese Richtung kommen wir in einer ohnmächtigen Situation nicht weiter.

Aushalten heißt ferner, mir etwas zuzutrauen. Ich traue mir zu, dass ich das Jetzt aushalten kann. Oder vielleicht müsste ich hier präziser formulieren: Ich spreche Gott die Eigenschaft zu, dass er mir die Kraft zuwachsen lässt, die ich brauche, um die gegenwärtige Situation auszuhalten. Und das gerade dann, wenn ich glaube, die Kraft dazu nicht zu besitzen. Wie schnell gebe ich auf und lege die Hände in den Schoß, wenn ich meine, dass ich etwas nicht kann. Für wie klein halte ich damit aber Gott. Ich halte es für eine wunderbare Eigenschaft Gottes: dass sie uns die Kraft zuwachsen lässt, die wir für unsere jeweilige Lebenssituation brauchen. Natürlich kann man die Frage stellen, warum Gott nicht gleich das Unheil von uns fernhält. Dass es auf diese Frage keine Antwort gibt, werden wir später noch sehen. Für den Moment bleibt das Bild, dass Gott uns in jeder Situation die notwendige Kraft zuwachsen lässt. Nur leider meistens nicht auf einmal. Und nicht auf Vorrat.

Aushalten heißt schließlich, die Hoffnung aufrechtzuerhalten. Indem ich eine Situation aushalte, vertraue ich darauf, dass sich das, was *ich* nicht verändern kann, trotzdem verändern wird. Oder etwas vorsichtiger ausgedrückt: Ich halte wenigstens die Möglichkeit offen, dass sich etwas verändern *kann*, auch wenn ich zum gegenwärtigen Zeitpunkt nicht weiß, was und wie. Ich nehme mich zurück, ohne dabei auszuschließen, dass sich auch ohne mich etwas verändern kann. Das ist eine sehr demütige Haltung.

In der Spiritualität der sogenannten African Americans, der schwarzen Bevölkerung in den Vereinigten Staaten, gibt es dazu einen Ausspruch, den sie sich immer wieder vor Augen halten. Dazu muss man wissen, dass, entgegen allen Versprechungen dieses Landes der unbegrenzten Möglichkeiten, viele Schwarze, vor allem Jugendliche und Kinder, in den USA bei weitem nicht dieselben Möglichkeiten und Chancen haben wie andere Bevölkerungsteile. In Bezug auf Bildung, Berufswahl, Einkommen etc. sind viele Schwarze nach wie vor diskriminiert. Von schwarzen Amerikanern habe ich gelernt: „There's a way out of no-way". Übersetzt heißt dies so viel wie: Es gibt einen Ausweg aus der Ausweglosigkeit; oder: es gibt einen Weg aus der Sackgasse.[10]

Das Bild der Sackgasse ist diesbezüglich sehr bezeichnend. Das Verkehrsschild am Beginn einer Sackgasse dient ja gerade dazu, der Verkehrsteilnehmerin zu signalisieren, dass es am Ende nicht weitergehen wird, weil das Ende der Gasse an deren Anfang oft nicht sichtbar ist. Der Merksatz „There's a way out of no-way" meint genau das Gegenteil. Man steht am Ende der Sackgasse und sieht keinen Ausweg. Bloß: Die Tatsache, dass ich keinen Weg *sehe*, bedeutet noch lange nicht, dass es keinen Weg *gibt*. Manchmal ist unser Blick so verstellt und eingeschränkt, dass wir das Naheliegende gar nicht mehr sehen können. Manchmal braucht es bloß etwas Geduld, damit sich der Ausweg weisen kann. Eine Situation aushalten bedeutet, die Möglichkeit zuzulassen, dass es einen Ausweg gibt, wo ich meine, dass es keinen geben kann.

Aushalten und damit die Hoffnung aufrechterhalten, dass es sich verändert: Für diesen Vorgang gibt es übrigens einen Fachbegriff. Man nennt dies ein *theologisches Passiv*. Dieser Begriff kommt aus der wissenschaftlichen Bibelauslegung, der Exegese. In der Sprache bedeutet „aktiv", dass das Subjekt, das handelt, genannt wird: Ich tue, oder: Sie macht. „Passiv" bedeutet, dass etwas geschieht, ohne dass das Subjekt, das handelt, genannt wird: Es geschieht. Etwas widerfährt mir. Der Zufall wollte es. So lauten passive Formulierungen. Ein theologisches Passiv nennen wir ein Geschehen, von dem wir glauben, dass Gott dahintersteckt. Das kommt in der Bibel häufig vor. Oft beginnen Erzählungen in der Bibel mit der Formulierung „Es geschah, dass ..." Das klingt, wie wenn per Zufall etwas geschehen wäre. Gemeint ist aber, dass Gott (griechisch: *theos*) veranlasst hat, dass etwas geschieht. Nur wird Gott aus Respekt nicht genannt. Wenn wir das nun auf eine Ohnmachtssituation übertragen, bedeutet Aushalten, dass ich einerseits anerkenne, dass ich aktiv nichts tun kann. Es bedeutet zugleich aber auch, dass ich eine Veränderung für möglich halte. Allerdings nicht irgendeine Veränderung, sondern eine, die letztlich von Gott stammt.

In einer Situation der Ohnmacht, wenn ich nichts machen kann und nichts machen muss, ist Aushalten keine schlechte Haltung. Dazu brauche ich noch nicht einmal eine Idee, ob sich überhaupt etwas verändern wird, geschweige denn in welche Richtung. In vielen Situationen wäre das zu viel verlangt. Das eingangs geschilderte Beispiel will zeigen, dass es Momente gibt, in denen uns wirklich jede Hoffnung genommen ist. Hüten wir uns davor, uns in einer solchen Situation eine Perspektive abzuverlangen. Aushalten können wir trotzdem versuchen. Niemand weiß, ob es ihr gelingen wird. Versuchen und üben reicht. Wenn ich auszuhalten versuche, brauche ich bloß ein kleines Quantum Demut, um zu sagen: Ich weiß nicht, ob sich diese Situation je verändern kann und wird. Aber ich schließe die Möglichkeit dafür nicht aus. Ich lasse die Möglichkeit offen, dass es einen Ausweg aus der Ausweglosigkeit gibt. Einen Ausweg, den ich jetzt noch nicht erkennen kann. Mag sein, dass sich eine Tür öffnen wird, für die ich jetzt blind bin, weil ich so erfüllt bin von Hoffnungslosigkeit, Trauer, Wut oder was auch immer. Ich weiß nicht, ob es diese Möglichkeit gibt. Aber es gibt schließlich noch vieles, von dem ich nichts weiß. Also lasse ich wenigstens diese Möglichkeit offen und schließe sie nicht von vorneherein aus. Das ist nur ein kleiner Schritt, aber ein wichtiger.

15 – Verantwortung ja, Macht nein

Erlaube dir, ohnmächtig zu sein.
Erlaube dir, nichts ändern zu können.
Man muss einmal den Ausgangspunkt akzeptieren,
bevor man etwas ändern will.
Es darf alles so sein und so bleiben, wie es ist.
Du brauchst nichts zu verändern.

Franz Jalics[11]

Um das Thema dieses Kapitels anzugehen, will ich von einer sehr persönlichen Erfahrung berichten. Als wir Eltern wurden, war dies selbstverständlich ein sehr bewegender Moment. Es war nicht ungeplant und insofern nicht ganz überraschend. Aber ich erinnere mich noch gut an jenen Moment, in dem meiner Frau und mir bewusst wurde, dass wir vermutlich schwanger sind. Da waren, trotz aller Bereitschaft und inneren Vorbereitung zu diesem Schritt, eine Vielzahl von Gefühlen, die sich in mir auf einen Schlag breitmachten: Freude über das geschenkte Glück; Verunsicherung über die kommenden Veränderungen; Angst vor der neuen Rolle als Vater; Staunen über das Zusammenspiel in der Schöpfung, welches etwas so Kostbares entstehen lässt.

Einige Wochen später dann folgte ein Moment, mit dem wir nicht gerechnet hätten. Es war ein Augenblick, welcher meinen Blick auf das Leben nachhaltig ändern sollte. Ein „Augenöffner", welcher mir schlagartig etwas bewusst machte, was mir theoretisch immer schon klar war. Aber plötzlich war diese Erkenntnis mit Händen greifbar. Das kam so:

Bei der ersten Kontrolle bei der Frauenärztin offenbarte der Ultraschall, dass wir nicht bloß ein, sondern gleich zwei Kinder erwarten würden, Zwillinge. Das war nach wenigen Augenblicken sogar für unsere Laienaugen auf dem Monitor unschwer erkennbar. Da waren unübersehbar zwei kleine Punkte. So weit die freudige Überraschung an jenem Vormittag. Irgendetwas aber versetzte der Frauenärztin Sorgenfalten. Die beiden Punkte waren für das fachliche Auge der Ärztin unterschiedlicher, als sie hätten sein dürfen. Die Ärztin er-

öffnete uns einfühlsam und zugleich unverblümt, dass da etwas nicht in Ordnung sei. Die beiden Föten hatten einen für Zwillinge ungewöhnlich großen Größenunterschied. Dieser Befund machte sogleich nähere Abklärungen in einer Spezialklinik notwendig. Sie verhehlte uns nicht, dass bei Zwillingsschwangerschaften Konstellationen auftreten können, die das ungeborene Leben der beiden Heranwachsenden gefährden. Ihr erster Befund wies auf eine solch mögliche Konstellation hin.

Sie sollte Recht behalten. Die näheren Untersuchungen bestätigten diesen Befund. Ohne hier auf medizinische Details eingehen zu wollen, ging es vereinfacht gesagt darum, dass sich manch eineiige Zwillinge – und solche waren in unserem Fall offensichtlich unterwegs – eine gemeinsame Plazenta teilen. In seltenen Fällen kann es dabei vorkommen, dass der eine der beiden Zwillinge mehr Nährstoffe erhält als der andere, so dass der andere der beiden chronisch unterversorgt ist und daher nicht richtig wachsen kann.[12] *Das ist für beide ungeborenen Kinder lebensbedrohlich. Um es gleich vorwegzunehmen: Die Sache ging gut aus. Heute bereichern zwei gesunde Mädchen unseren Klosteralltag.*

Damals aber konnten wir noch nicht wissen, ob es jemals so weit kommen würde. Die Ärzte in der Klinik klärten uns auf, dass diese Schwangerschaft eine engmaschige Kontrolle erzwinge. Die Klinik wurde im darauffolgenden halben Jahr denn auch zu einer regelmäßigen Anlaufstelle für uns. Mindestens ein Mal in der Woche, in manchen Wochen auch öfter, fuhren wir die 35 Kilometer vom Land in die Stadt in unser Kantonsspital, in aller Regel zu zweit, weil wir unter allen Umständen die Verantwortung für unsere Kinder teilen wollten.

Und damit ist auch das für mich in diesem Zusammenhang entscheidende Stichwort gefallen: Verantwortung. Unerwartet fanden wir uns in der Situation wieder, dass wir zwei Kinder erwarteten, von denen wir nicht wussten, ob beide oder nur eines oder gar keines von beiden jemals das Licht der Welt erblicken würde. Das erfüllte uns mit tiefer Freude und großer Sorge gleichzeitig. Es war ein Wechselbad der Gefühle. Aber damit nicht genug: Alsbald wurden wir damit konfrontiert, dass wir Entscheidungen treffen mussten. Denn je nachdem wie sich die beiden ungeborenen Kinder entwickeln würden, gab es die eine oder andere Möglichkeit, medizinisch einzugreifen. Das musste vorentschieden werden, da es dann unter Umständen sehr schnell gehen musste und für eine sorgfältige Abwägung keine Zeit mehr geblieben wäre.

In all dem – und das hat mich von allem Anfang an tief beeindruckt – haben die beteiligten Ärzte eine große Demut und Bescheidenheit ausgestrahlt. Mehr als einmal haben sie uns eingestanden, dass auch sie als Fachleute und Koryphäen auf ihrem Gebiet in Bezug auf das werdende Leben immer wieder staunend vor Rätseln stehen. Bei einer der Untersuchungen hat die beteiligte Ärztin in einem offenen und persönlichen Gespräch eingestanden, dass man im Grunde genommen nicht viel über das werdende Leben wisse. Je mehr sie wisse, desto mehr werde ihr bewusst, was sie alles nicht wisse und verstehe. Das Nicht-Wissen wird größer mit jedem Wissensstein, den die Forschung zugänglich macht, weil sie damit die Tür in einen neuen, noch größeren unbekannten Bereich aufstößt.

Mit diesem Nicht-Wissen mussten die beteiligten Ärzte uns beraten und uns zur Seite stehen. Sie haben das sehr feinfühlig und kompetent gemacht. Die Entscheidung jedoch, ob wir zu diesem oder jenem Eingriff einwilligen würden, lag bei uns Eltern. Wie dem so ist, haben Eingriffe immer Risiken und Nebenwirkungen. Diese mussten wir gegenüber dem zu erwartenden Nutzen abwägen. Auf unsere Nachfrage, was sie als Ärzte empfehlen und verantworten könnten, hörten wir meist eine statistische Aussage im Sinne von: Gemäß den Studien liege die Wahrscheinlichkeit für einen positiven Ausgang bei soundso viel Prozent … und diese Prozentzahl war meist relativ niedrig. Dennoch wäre es die einzige Möglichkeit gewesen, vielleicht wenigstens das eine von beiden Menschenleben über die Runden zu bringen.

Ich möchte nicht den Eindruck erwecken, die Ärzte hätten sich um eine Entscheidung gedrückt. Vielmehr wurden mir damals zwei Dinge klar: Erstens gibt es keine Sicherheit. Und zweitens müssen wir als Eltern entscheiden und die Verantwortung übernehmen. Wir müssen entscheiden, obwohl wir nicht abschließend wissen, was richtig und falsch ist oder welche Entscheidung zu einem guten Ende führt. Über weite Strecken war es sogar so, dass wir die Entwicklung der Embryos während der Schwangerschaft nur ohnmächtig beobachten konnten, ohne dass wir oder die Ärzte in irgendeiner Weise Einfluss darauf hätten nehmen können. Man konnte die Größe der Embryonen und ihre Durchblutung messen. Daraus konnte man ableiten, was das für das Wachstum der werdenden Kinder und in Bezug auf ihre Versorgung mit Nährstoffen bedeutet. Aber man hätte in vielen Phasen der Entwicklung nicht wirklich eingreifen können. Wenn es doch dazu gekommen wäre, hätten wir entscheiden müssen, ob wir zu einer vorgeburtlichen Operation bereit wären. Darüber hinaus aber konnten wir nur beobachten und hoffen.

Das war eine sehr seltsame Konstellation, die mir in diesem Ausmaß bis dahin unbekannt war: Auf der einen Seite fühlten wir uns absolut ohnmächtig. Zeitgleich gelangten die Ärzte immer wieder mit Informationen und Fragen an uns, die uns klarmachten, dass wir als Eltern die alleinige Verantwortung für die ungeborenen Kinder trugen. Das ist viel Verantwortung und wenig, ja genau genommen gar kein Einfluss, bloß Ohnmacht. Eines ist mir damals schonungslos klar geworden: Als Eltern, als Vater trägst du die volle Verantwortung für deine Kinder, aber du hast keinen Einfluss. Du hast alle Verantwortung, aber keine Macht.

Diese Konstellation ist mir zu einem Sinnbild für das Leben überhaupt geworden. Denn was wir erlebt haben, gilt nicht nur für werdende Eltern. Für Gläubige ist es eigentlich eine Binsenweisheit: Das Leben liegt nicht in unseren Händen. Aber was bedeutet dies, wenn wir es auf unseren Alltag hin durchbuchstabieren? Mit Blick auf Kinder bedeutet dies, dass wir als Eltern für sie geradestehen müssen, solange dies unsere Kinder noch nicht selbst können. Aber auf die Konsequenzen haben wir keinen Einfluss. In Bezug auf sogenannte Schicksalsschläge übertragen heißt das: Wir erfahren tragische Dinge, die uns belasten und mit deren Konsequenzen wir umgehen müssen, ohne das Widerfahrene beeinflussen, geschweige denn ungeschehen machen zu können. Das fühlt sich ungerecht an. Gerecht wäre nach menschlicher Ansicht, wenn ich nur die Konsequenzen tragen müsste für Geschehnisse, die ich auch beeinflussen kann. Anders gesagt: Wenn ich keinen Einfluss habe und somit keine Verantwortung trage, so gehen mich auch die Konsequenzen nichts an.

Das Leben verläuft aber anders, das wissen wir alle aus eigener Erfahrung. Vom ersten Tag an sind wir Einflüssen ausgeliefert, die wir nicht beeinflussen können, die aber unser Werden und unser Leben bestimmen. Wir suchen uns unser Elternhaus nicht aus, werden aber für unser ganzes Leben davon geprägt. Wir können nur mäßig beeinflussen, ob wir gesund bleiben oder unheilbar krank werden. Unfälle am eigenen Leib oder von nahen Angehörigen entziehen sich weitgehend unserem Einfluss. Und trotzdem müssen wir mit all dem umgehen. Wir müssen die Konsequenzen tragen und stehen in der Verantwortung, auch für das, was wir nicht verhindern konnten oder ungeschehen machen können. Nach menschlichem Ermessen ist das alles ungerecht. Aber so ist das Leben.

In der Arbeitswelt gilt normalerweise: Wer viel Verantwortung trägt, hat auch viel Einfluss und einen großen Lohn. Dieser entschädigt für die Last der Verantwortung und verleiht einem eine gewisse Macht. In der Wirtschaftswelt mag das funktionieren, weil sie eine in sich geschlossene, vom Leben abgekoppelte Welt ist. Aber in Bezug auf das „wahre" Leben ist dieser Kurzschluss lebensfremd. Die Verbindung von Macht und Verantwortung ist ein Irrtum. Verantwortung hat man einfach, zum Beispiel aufgrund einer Rolle, die man mehr oder weniger aktiv und freiwillig gewählt hat. Verantwortung kommt einem zu – dann muss man sie wahrnehmen. Aber man darf und soll keinen Lohn dafür erwarten. Verantwortung ja, Macht nein.

Die Geburt unserer Kinder respektive die schmerzliche Erfahrung der neun Monate davor haben mich eine bestimmte

Demut gelehrt. Wenn ich mit meinen Zwillingsmädchen unterwegs bin oder auch bei Begegnungen in unserem Haus werde ich oft gefragt: „Sind das Ihre Kinder?“ Aufgrund der geschilderten Erfahrung antworte ich darauf gerne etwas keck: „Nein, die Kinder gehören mir nicht, aber ich bin ihr Vater.“ Das will mehr sein als eine simple Irritation. Es ist mir durch die Erfahrung mit meinen ungeborenen Kindern mehr als je zuvor bewusst geworden, dass das Leben größer ist als alles in meiner Macht Stehende. Dass Ohnmacht zum Leben gehört. Und dass ich dennoch nicht davon entbunden bin, Verantwortung zu übernehmen und das Beste daraus zu machen. Im Wissen, dass ich nicht alles werde richtig machen können, aber auch nicht alles falsch. Und dass ich bei all dem trotzdem nicht auf mich alleine gestellt bin.

Vierter Teil: Ohnmacht üben

Nun soll es ganz praktisch werden. Was sollen wir machen, wenn wir nichts mehr tun können? Was können wir tun, wenn nichts mehr zu machen ist?

Während meiner Zeit als Krankenhausseelsorger in Kalifornien habe ich viel über diesen Augenblick der Machtlosigkeit gelernt. Es ist dies ein Thema, für welches das Seelsorgedepartement der Klinik die Ärztinnen im Krankenhaus aktiv sensibilisiert hat. Nicht selten wurde ich an das Bett einer unheilbar kranken Person gerufen, der man soeben eröffnet hat, dass „man nichts mehr tun" könne. Mit anderen Worten: Endstadium; wir müssen dich sterben lassen. Das ist mehr als eine bittere, unausweichliche Diagnose. Nichts mehr tun zu können, das ist wie ein brutaler Schlag ins Gesicht. Das klingt wie: Wir haben dich aufgegeben.
Diese Perspektive greift aber zu kurz. Sie reduziert Gesundheit auf das reine Überleben des Körpers. Die meisten von uns erleben sich aber vielschichtiger. Gerade wenn wir mit einer unheilbaren Krankheit konfrontiert sind, das heißt mit einer Krankheit, die man nicht mehr kurativ behandeln kann, werden andere Dimensionen wichtig: Schmerzmanagement, Seelsorge, vielleicht auch psychologische Unterstützung.
Mit Hilfe von Fachleuten aus der Palliativmedizin haben wir junge Ärztinnen darin geschult, einen anderen Blick auf ihre beruflichen Fähigkeiten zu werfen. Die einfache Botschaft lautete: Man kann immer etwas tun. Aber manchmal vielleicht nicht mehr das, was wir uns ursprünglich wünschten. Mit anderen Worten: Es kann sein, dass sich mit den gegenwärtigen medizinischen Mitteln eine Krankheit nicht mehr so behandeln lässt, dass eine realistische Hoffnung auf Heilung besteht. Trotzdem kann man etwas tun. Man kann auch als Klinik weiterhin da sein für die Patientin und sie dabei begleiten, sich aktiv mit dem Lebensende auseinanderzusetzen. Nicht wenige Schwerkranke finden in dieser Auseinandersetzung eine tiefe abschließende Erfüllung und so etwas wie Sinn erschließt sich ihnen.

Es gab leider Ärztinnen, die diese Sichtweise nicht wirklich einnehmen konnten. Sie haben einfach ihre Sprache angepasst. Statt „Wir können nichts mehr für Sie tun" haben sie dann gesagt: „Ich rufe jetzt die Palliativabteilung", was im Wesentlichen dasselbe ist. Aber viele haben in der Tat gelernt, dass die Medizin ganz fantastische Möglichkeiten hat, die sich zudem ständig erweitern und verfeinern, aber dass dieses immense Wissen, die technischen Möglichkeiten und die eigenen Fähigkeiten eben auch nicht alles sind und nicht alles sein müssen. In einer Klinik sind die Rollen meist klar verteilt: Die einen sind für die kurative Behandlung zuständig, die anderen für die palliative. Aber im Grunde genommen, so war unsere Botschaft als Seelsorgende, sind wir alle für das eine Leben engagiert. Und für das Leben kann man immer etwas tun, sofern man im Leben mehr sieht als das bloße Überleben.

So gesehen kann man also auch etwas tun, wenn es scheinbar nichts mehr zu tun gibt: Wir können Ohnmacht gestalten. Das ist zwar kein machtvolles Tun. Es gleicht eher dem Lernen eines Instrumentes. Am Anfang krächzt und scheppert es vielleicht, bis mal ein schöner Ton herauskommt. Aber ein Ton allein macht noch keine Melodie. Bis wirklich Musik erklingt, mag es ein weiter Weg sein. Das Einzige, was dabei hilft, ist üben. Immer wieder üben.

Wichtig dabei ist, nicht perfekt sein zu wollen. Sich nicht entmutigen zu lassen, wenn man mal eine Taste danebenhaut. Gerade im Zusammenspielen mit anderen Musikerinnen in Ensembles und Orchestern habe ich gelernt, virtuos über eigene Fehler hinwegzuspielen und den Zusammenklang nicht aus den Augen respektive aus den Ohren zu verlieren. Wenn man jeden falschen Ton korrigieren möchte, müsste man ständig den Fluss der Musik unterbrechen. Lieber weiterspielen und einen neuen Versuch wagen. Denn was das menschliche Ohr entzückt, ist nicht der perfekte Klang, sondern das Herz der Musikerin, das sich in ihrem Spiel widerspiegelt.

So oder ähnlich können wir unseren Umgang mit Ohnmacht üben. Wir müssen nicht perfekt werden darin, weil wir das gar nicht können. Immer wieder werden wir straucheln und wütend oder traurig werden, wenn wir ohnmächtig sind. Das macht nichts. Wie heißt es so schön: aufstehen, Krone richten und weitergehen. Insofern kann man die folgenden Kapitel als eine Art Übungen verstehen, die uns helfen mögen, die Sprache der Ohnmacht zu lernen, auf dass daraus eine neue Musik des Lebens entstehen möge.

16 – Realistisch denken

Tödlicher Perfektionismus

warum
müh' ich mich
perfekt zu werden

denn perfekt meint
vergangenheit
für immer abgeschlossen

unvollkommen aber
unperfekt
bleibe ich lebendig

Andreas Knapp[1]

Dankbarkeit ist eine wichtige Lebenseinstellung, daran habe ich keine Zweifel. Wer ein Sensorium für eigene Dankbarkeit hat, geht anders durchs Leben. Oft sehen wir nur das Negative. Kritik ist schnell geäußert, an andern und an sich selber. Das ist ohnehin meist dasselbe: Wer viel an anderen auszusetzen hat, ist sich möglicherweise seiner selbst nicht ganz sicher. Aber andere und anderes zu kritisieren ist einfacher, als auf sich selber und sein eigenes Leben zu schauen.

Nur: Dankbarkeit birgt auch eine Gefahr, wenn sie bloß aufgesetzt ist. Die Regale der Buchhändler sind voll mit Ratgeberliteratur, welche mir mit einfachen Mitteln ein besseres Leben verspricht. Der Tenor in manchen Büchern lautet in etwa: Wenn du dankbarer durchs Leben gehst und mehr die positiven Seiten siehst, geht es dir gleich besser. Ich glaube nicht, dass es so einfach ist. Schön wäre es. Wie soll jemand dankbar sein können, der gerade einen schweren Schicksalsschlag erlitten hat oder seit Jahren aus einer tiefen Krise nicht herausfindet? Das ist eine Zumutung. Aber ich höre innerlich schon die Stimmen, die aus lauter Hilflosigkeit einem verzweifelten Menschen raten: „Du musst einfach positiv denken." Das ist fatal und zugleich entlarvend: Es geht offensichtlich nicht um Dankbarkeit, sondern um positives Denken. Positiv denken bedeutet, die Dinge schönzufärben und überall das Gute herbeizureden und dabei das Belastende, Unvollständige, Verbesserungswürdige einfach auszublenden. Positiv denken ist nicht realistisch, denn es ist nicht alles gut. Krankheit, Verlust, Not, Ängste, schwierige Erfahrungen gehören zum Leben. Sie kommen vor. Sie existieren. Da nützen Schönfärberei und positiv denken nichts.

Nach Möglichkeit laden wir Menschen, die für längere Zeit als Gäste auf den Sonnenhügel kommen möchten, vorher zum Kennenlernen zu einem sogenannten Schnuppergespräch ein. Ich erinnere mich an eine Reihe solcher Gespräche mit Menschen, die ziemlich gut waren im positiven Denken. Sie kommen mit der festen Überzeugung, dass der Sonnenhügel der beste Ort für sie sei und es ihnen hier schlagartig besser gehen werde. Solch große Erwartungen könnten uns schmeicheln. In Tat und Wahrheit machen sie mich skeptisch. Denn die Erfahrung lehrt mich, dass der Sonnenhügel keine Wunder vollbringen kann. Im Gegenteil: Nicht selten kommt es vor, dass sich die Befindlichkeit am Anfang eines Aufenthaltes sogar noch verschlechtert. Kann jemand, vielleicht nach langem Suchen und Ringen um einen passenden Ort, endlich loslassen und sich gehen lassen, holt die Seele bisweilen nach, was sie braucht. Es ist meine Aufgabe, im Schnuppergespräch zu prüfen, was dann passieren könnte und ob wir damit umgehen können. Es fällt mir nicht immer leicht, die Hoffnung von Schnuppergästen zu hinterfragen, aber es scheint mir eine Notwendigkeit zu sein und eine Frage der Ehrlichkeit.
Menschen also, die tief überzeugt sind, dass wir ihnen helfen können und dass sich ihr Zustand schon in den ersten Tagen bessern werde, halte ich in der Regel einen Satz vor, der mir immer noch aus meiner Zeit in Kalifornien präsent ist: „prepare for the worst, hope for the best". Auf Deutsch etwa: Bereite dich auf das Schlimmste vor und hoffe zugleich auf das Beste. Manchmal wird mir dieser Satz als Pessimismus ausgelegt. Natürlich teile ich die Hoffnung der Hilfesuchenden und hoffe auf das Beste. Dass alles gut wird. Dass auch

die momentan noch vorhandenen Schwierigkeiten und Probleme sich in Luft auflösen, möglichst bald, möglichst schnell. Am liebsten, ohne dass wir etwas dafür tun müssen. Realistischerweise wissen wir, dass das so nicht geschehen wird. Es ist erlaubt, darauf zu hoffen. Aber es wäre naiv, damit zu rechnen.

Gesetzt den Fall also, die erhoffte Besserung tritt nicht ein, was dann? Was wäre ein möglicher Plan B? Gibt es eine Ausstiegsmöglichkeit, oder ist der Sonnenhügel die einzige Option? Wäre dem so, so wäre der Aufenthalt mit ziemlicher Wahrscheinlichkeit zum Scheitern verurteilt. Denn dann wären die Erwartungen so hoch, dass sie sich kaum erfüllen werden. Kann der zukünftige Gast respektive können wir gemeinsam mit einer allenfalls enttäuschten Hoffnung umgehen? Und was bedeutete dies konkret? Das scheinen mir wichtige Fragen der Klärung zu sein, welche die Hoffnung, die wir niemals aufgeben sollen, an der Realität anbinden und uns vor blindem positivem Denken bewahren.

Genau umgekehrt verhält es sich mit Schnuppergästen, die selber schon kaum mehr glauben, dass sich ihre Situation zum Besseren wenden könnte. Auch das kommt vor. Sie würden zwar gerne für eine Zeitlang auf dem Sonnenhügel wohnen, aber sie fürchten, dass sie dazu gar nicht in der Lage sind. Vielleicht haben sie die letzte Energiereserve für das Schnuppergespräch locker gemacht und fürchten danach den totalen Zusammenbruch. In Gedanken gehen sie schon alle Horrorszenarien durch und rechnen damit, dass wir sie nach wenigen Tagen ohnehin wieder wegschicken müssen, weil wir mit ihrem Zustand nicht umzugehen wissen. Gemeinsam überlege ich mit ihnen dann, was als Allerschlimmstes passieren könnte. Was ist ihre schlimmste Befürchtung, ihre größte Angst? Wie können, sollen, müssen wir dann reagieren, falls diese Befürchtung wirklich eintreffen sollte? Wen sollen wir als Hilfe beiziehen? Wen müssen wir informieren? Wo kann jemand hingehen, wenn das Angebot auf dem Sonnenhügel nicht genügt? In den allermeisten Fällen reicht dieser gedankliche Notfallplan. Es kommt höchst selten vor, dass wir ihn wirklich umsetzen müssen. Dass das Schlimmste eintritt, ist ziemlich unwahrscheinlich. Es kann sich aber lohnen, strukturiert durchzudenken, was denn das Schlimmste wäre, das ich befürchte, und wie ich darauf reagieren könnte. Damit lote ich den Handlungsspielraum aus, der mir selbst in der schlimmstmöglichen Situation noch bleibt. Wir rechnen nicht mit dem Schlimmsten, aber wir wappnen uns dafür. Die Folge ist meist, dass sich die verunsicherte Person beruhigt. Es ist alles fast nur noch halb so schlimm, wenn man weiß, dass und wie man eine bestimmte Situation bewältigen kann.

Es gibt also auch das Gegenstück zu positivem Denken, und das kommt sogar noch häufiger vor. Vor allem wenn wir irgendwo negative Erfahrungen gemacht haben. Gerade mitten in einer Krise stehen viele von uns in der Gefahr, nur noch das Negative zu sehen. Vielleicht sind die schlechten Erfahrungen so zahlreich, so bohrend, so traumatisierend, dass sie alles andere zudecken. Viele Menschen in einer akuten Krise erzählen mir, dass sie gar keine Freude, nichts Aufheiterndes mehr erleben. Alles ist nur noch dunkel, schwarz, schwer. Sie glauben, das Negative förmlich anzuziehen. Einmal krank, immer krank. Einmal verletzt, immer verletzt. Nichts ist mehr recht. Die Angst bestimmt uns, dass sich die negative Erfahrung wiederholt. Schnell ist die Hoffnung verloren, dass sich etwas auch zum Guten wenden kann. Ja, bisweilen verschwindet sogar die Hoffnung, dass sich etwas überhaupt jemals wieder verändern kann. Aufgrund der bisherigen negativen Erfahrungen befürchten wir nur noch das Schlimmste. Wir können gar nicht mehr glauben, dass es auch anders kommen könnte. Solch negatives Denken ist ebenso fatal und ebenso weltfremd wie einseitig positives Denken.

Aber negatives Denken ist sehr verständlich und lässt sich sogar wissenschaftlich belegen. Dank der Traumaforschung und der Neuropsychologie wissen wir, dass sich negative Erfahrungen um ein Vielfaches stärker im Gehirn einprägen als positive Erlebnisse. Das bedeutet, dass es viel mehr positive Erlebnisse braucht, um ein einziges negatives Erlebnis aufzuwiegen. Das hat mit der Evolution zu tun. Hat ein Mensch in der Frühzeit zum ersten Mal eine gefährliche Situation erlebt, zum Beispiel durch ein wildes Tier, war es überlebensnotwendig, dass sich diese Erfahrung im Gehirn eingeprägt hat. Diese Prägung hat ihn letztlich vor Gefahren beschützt und ihm so das Überleben gesichert. Nicht nur ihm, sondern durch die Fortpflanzung dieser Information im Gehirn auch seinen Kindern und Kindeskindern. Heute wäre dies so nicht mehr nötig. Wir müssen heute nicht mehr abrupt vor wilden Tieren fliehen und bräuchten den dazu notwendigen Adrenalinschub nicht mehr. Aber leider ist die Entwicklung unseres Gehirns in dieser Hinsicht eher träge. Noch immer brennen sich schlechte Erfahrungen viel stärker ein als gute. Darum rechnen wir so oft mit dem Schlimmsten. Jemand hat einmal den Ausspruch geprägt: Rechne mit allem, auch mit dem Guten! Das ist eine hilfreiche Sichtweise für notorische Pessimisten – aber dazu gleich mehr.

Ein ausschließlich positiver Blick auf die Welt wie auch eine ausschließlich negative Sichtweise auf mein Leben, beides ist reichlich irrational. Wenn wir also weder positiv noch negativ denken sollen, was dann? Es bleibt die Möglichkeit, der Wirklichkeit ins Angesicht zu schauen. Das bedeutet, realistisch zu denken. Diese feine Unterscheidung verdanke ich Luise Reddemann, die ich an anderer Stelle bereits zitiert habe.[2] Realistisch denken ist das gesunde Gegenstück sowohl zum Pessimismus als auch zum Optimismus. Realistisch denken bedeutet, die Welt so wahrzunehmen, wie sie ist. Und sie ist mit Sicherheit anders, als wir sie uns denken. Je nach unseren Vorerfahrungen und unserem Standpunkt können wir sagen: Sie ist nicht nur schlecht oder nicht nur gut. Es gibt Licht und Schatten, Gutes und Böses. Wichtig ist, dass ich das je andere auch wahrnehme. Mit anderen Worten könnten wir sagen: Realistisch denken bedeutet, mich überhaupt vom Denken zu verabschieden und in die Wahrnehmung zu gehen. Meine Sinne einschalten. Meinen Blick auf das richten, was offensichtlich (auch) da ist, was mein Denken aber ausblendet. Denn üblicherweise sehen wir nur das, was in unser Weltbild passt. Alles andere verbirgt sich hinter unseren Scheuklappen.

Mit Blick auf die Ohnmacht scheint mir realistisches Denken besonders hilfreich zu sein. Dass ich Ohnmacht so schlecht aushalte, hängt nicht nur damit zusammen, dass dieses Gefühl unangenehm ist. Damit verknüpft ist oft auch die Angst, dass mich eine ohnmächtige Situation überrollt und in meiner Existenz bedroht. Nichts dagegen tun zu können fühlt sich lebensbedrohlich an. Dadurch verstärkt sich das Ohnmachtsgefühl zusätzlich. Dieser Teufelskreis kann mit realistischem Denken durchbrochen werden. Und realistisch denken lässt sich üben. Luise Reddemann hat in ihrem Buch eine ganze Reihe solcher Übungen geschildert. Einige davon möchte ich in der Folge sinngemäß wiedergeben.

Zum Beispiel rät sie, neben dem „gewöhnlichen" Tagebuch ein reines Freudetagebuch zu führen. Viele führen ein Tagebuch, in dem sie herausragende Ereignisse, Gedanken und Gefühle notieren. Dabei mischt sich aber Positives mit Negativem. Wie wir gesehen haben, prägt uns das Negative jedoch stärker. Das Positive verschwindet dahinter. Ein reines Freudetagebuch kann dem entgegenwirken. Dort sollen Ereignisse, Erfahrungen, Begebenheiten, Begegnungen, Gefühle notiert werden, die mir Freude bereitet haben. Reale Erfahrungen und Begebenheiten. Unvermischt und unverfälscht. Alles andere hat Platz, im „gewöhnlichen" Tagebuch. Aber diese Perlen, die mir wie aus dem Nichts geschenkt werden und mich aufheitern, erhellen und beglücken, sie haben einen besonderen Platz verdient. Sie sollen nicht überschattet werden von den vielen grauen oder schwarzen Ereignissen, die wir alle auch erfahren. Die Freude, sie hat einen eigenen, gesonderten Platz im Bücherregal meiner Tagebücher verdient.

Wenn ich denn einmal in einem schwarzen Loch gefangen bin, kann ich dieses Freudetagebuch hervornehmen und darin blättern. Ich kann mir diese vergangenen Lichtblicke noch einmal zu Gemüte führen. Nicht in der Erwartung, dass sie mich aufheitern. Aber zumindest führen sie mir vor Augen, dass es in der Vergangenheit auch positive Erfahrungen gegeben hat. Denn oft kann ich das ja nicht mehr glauben. Wenn es sie aber in der Vergangenheit schon einmal gegeben hat, kann dies meine Hoffnung nähren, dass auch die Zukunft wieder einmal solche schönen Begebenheiten bereithalten kann.

Mithilfe des Freudetagebuches erziele ich noch einen anderen, gleichsam neurologischen Effekt: Ich durchlebe beim Schreiben und Lesen die erfreulichen Begebenheiten erneut. Das löst im Gehirn eine Reaktion aus und die positive Erfahrung kann sich ein weiteres Mal einprägen. Es ist, wie wenn ich das Schöne ein zweites oder drittes Mal durchlebte. Dadurch setze ich einen Kontrapunkt zu den negativen Erlebnissen, die mich stärker prägen, und wiege diese ein Stück weit auf.

Eine weitere Übung besteht darin, dass ich mir jeden Abend drei schöne Dinge vor Augen führe, die ich während des Tages erlebt habe. Diese Übung hat uns zu einem Abendritual mit unseren Kindern inspiriert. Jeden Abend vor dem Einschlafen erzählen wir uns gegenseitig Dinge und Gegebenheiten, die wir heute erlebt haben und wofür wir dankbar sein können. Es ist erstaunlich, was dieses Ritual für eine Wirkung haben kann. Es gibt oft Abende, an denen ich so müde bin, dass ich glaube, dass mir nichts einfällt. Es mag Tage geben, an denen ich so traurig oder so leer bin, dass ich glaube, keinen Grund für Dankbarkeit zu haben. Und dennoch: Wenn ich nur ein klein wenig nachsinne, fallen mir zwei, drei Dinge ohne Probleme ein. Es muss nicht immer Weltbewegendes sein. Oft sind es Kleinigkeiten: ein warmer Sonnenstrahl, der mich gestreift hat; eine Begegnung, die unbelastet war und in der ich mich wahrgenommen gefühlt habe; ein leckeres Mittagessen oder die Kaffeepause danach, in der ich einen kurzen Augenblick die Welt um mich herum vergessen konnte, etc. Die entscheidende Überlegung hinter dieser Übung ist: Es gibt keinen Tag, an dem ich nicht auch Positives erlebe. Aber es kommt auf die Wahrnehmung an. Oft achte ich nicht auf diese kleinen Aufsteller. Sie verschwinden nebst all dem Belastenden, das mich in die Tiefe zieht. Manchmal will ich sie vielleicht gar nicht sehen, weil sie mein Leiden und meine Belastungen zu relativieren scheinen. Trotzdem sind sie Wirklichkeit. Ich brauche sie nicht abzuwerten, sondern ich darf alles, was ich erfahre und erkenne, gleichwertig nebeneinander stehenlassen.

Dieses kleine Abendritual schärft meine Wahrnehmung. Unmerklich hat es nämlich zur Folge, dass ich mir früher oder später selbst durch den Tag hindurch öfter vor Augen führe, was mich beglückt und beseelt. Ich denke nicht erst am Abend daran, sondern nehme unmittelbar in der Situation wahr, wenn mich etwas erhellt. Dieses Abendritual schärft meine Wahrnehmung für die Vielgestaltigkeit des Lebens. Dadurch wird das Leben an vielen Tagen bunter und vielfältiger.

Eine Variante dieser Übung besteht darin, dass ich mir am Morgen eine Handvoll Bohnen oder kleine Steine in die eine Hosentasche stecke. Jedes Mal, wenn ich etwas Aufstellendes erlebe, nehme ich eine Bohne und stecke sie in die andere Hosentasche. Am Abend leere ich die zweite Hosentasche und führe mir damit die Highlights des Tages noch einmal vor Augen. Ich lasse sie noch einmal durch Kopf und Herz gehen und spüre der Freude und Leichtigkeit, die damit verbunden sind, einen Augenblick lang nach. Die positiven Seiten meines Alltags werden durch diese Übung gleichsam handgreiflich.

Das ist realistisch denken: Das Leben ist an keinem Tag nur gut oder nur schlecht. Es ist immer eine Mischung von beidem. Diese Sicht kann mir an dunklen Tagen und in Zeiten von Ohnmacht über die Runden helfen. Eine solche Sicht führt mich zu einer Art geläuterter Dankbarkeit. Eine Haltung von – realistischer – Dankbarkeit führt über mich hinaus. Darum ist es für mich eine Frage von Bescheidenheit, dankbar zu sein, selbst an den dunkelsten Tagen. Wem ich dankbar bin, spielt keine große Rolle, denn das sind bloß Namen: Gott, dem Leben, dem Über-allem, dem Universum. Dankbarkeit macht mir gewahr, dass das, was ich lebe und erlebe, nicht allein aus mir kommt. Es hat einen Ursprung und ein Ziel, einen Ort, von dem es kommt und wohin es mich führt. Dankbarkeit schärft meine Achtsamkeit und Wahrnehmung.

17 – Den Weg zum Lob konsequent gehen

> Das Pferd macht den Mist im Stall, und obgleich der Mist einen Unflat und Stank an sich hat, so zieht dasselbe Pferd doch den Mist mit großer Mühe auf das Feld, und daraus wächst sodann schöner Weizen und der edle, süße Wein, der niemals wüchse, wäre der Mist nicht da. Also trage deinen Mist – das sind deine Gebrechen, die du nicht abtun, ablegen noch überwinden kannst – mit Mühe und mit Fleiß auf den Acker des liebreichen Willens Gottes in rechter Gelassenheit deiner selbst. Es wächst ohne allen Zweifel in einer demütigen Gelassenheit köstliche, wohlschmeckende Frucht daraus.
>
> Johannes Tauler

Ich habe oft Mühe, Loblieder zu singen. Klagelieder sind mir näher. Kein Jammergesang freilich, aber auch kein plumpes „Judihui-Alleluja". Wo fraglos Loblieder gesungen werden, wird mir mulmig. Ich reagiere skeptisch auf Loblieder, wenn sie allzu direkt und unhinterfragt daherkommen. Das hat nicht nur damit zu tun, dass ich in meinem Alltag viel mit den Schattenseiten des Lebens zu tun habe und mit Personen, denen es gerade nicht zum Lob Gottes zu Mute ist. Ich praktiziere sehr wohl eine Achtsamkeit, in welcher Dankbarkeit ihren täglichen Platz hat, wie ich im Kapitel zuvor geschildert habe. Und eine Dankbarkeit, welche in ein größeres Ganzes mündet, mündet unweigerlich ins Lob dafür, dass alles im Leben, auch und besonders das Schöne, nicht selbstverständlich und nicht allein Frucht meines Tuns ist.

Aber zu diesem Lob führt immer ein Weg. Ich sehe das Lob nämlich nicht als Anfang, sondern als Endpunkt eines Prozesses. Der Weg hin zum Lob muss konsequent und immer wieder neu gegangen werden. Sonst kann das Lob im schlimmsten Fall krank machen. Ich kann dem Lob und der Anbetung allein keinen Wert zumessen, wenn sie nicht geläutert sind. Wenn ich nur auf das Lob hin bete, übergehe ich den Weg, der dahinführt.

Manchmal wäre es verlockend zu glauben, es würde mir besser gehen, wenn ich Gott nur laut und oft genug loben würde. Aber das ist gefährlich. Es ist fatal, wenn ich mir selber oder jemand anders mir inmitten einer großen Krise in der einen oder anderen Form sagt: „Du musst nur glauben, dann kommt alles wieder gut." Von einem solchen Glauben ist es nicht weit zu Vorwürfen im Sinne von: Deine Krise ist die Strafe Gottes für deinen Unglauben oder deine Sünden. Ein solches Glaubenskonstrukt macht krank. Es hält nicht, was es verspricht. Wenn ich in einer Krise an einem Glauben festhalte, in welchem Kritik, Fragen, Ängste und Zweifel keinen Platz haben, so kann mich dieser Glaube nicht tragen. Er impft mir höchstens ein schlechtes Gewissen ein. Wenn ich trotz Dunkelheit und offener Fragen fraglos das Allerheiligste anbete und mit Inbrunst süße Jubellieder singe, so ist das, als ob ich Zuckerguss über eine bittere Mahlzeit gießen würde. Ich kann so viel Zucker nehmen, wie ich will, die Mahlzeit wird dadurch nicht süßer. Das Bittere ist lediglich zugedeckt und kommt jetzt vielleicht verführerisch daher. Aber darunter gärt es.

Zum Lob gehört immer ein Weg. Und zu diesem Weg gehören Aspekte wesentlich dazu, die viele in ihrem Glauben ausblenden: hadern, zweifeln, anklagen, fragen, suchen, leer sein, nicht finden, nicht wissen und – über allem – aushalten. Es gibt so viele Erfahrungen im Leben und im Alltag, die mich die Existenz Gottes in Frage stellen lassen. Wenn ich diese an mich herankommen lasse, komme ich nicht darum herum, zu zweifeln. Wenn ich durch das Dunkel des Zweifelns hindurchgehe, so steht am Ende dieses Prozesses möglicherweise ein Lob. Aber das ist nicht garantiert. Das Einzige, was garantiert ist, ist der Zweifel. Keine Person kommt darum herum.

Ich erachte den Zweifel als Dimension des Glaubens,[3] und dazu noch als zwingende, existenzielle Dimension des Glaubens, gerade weil der Zweifel im Leben so sicher ist wie das

Amen in der Kirche. Nichts ist so sicher in Bezug auf Gott wie meine Zweifel. Viele Personen fürchten aber, der Zweifel habe im Glaubensleben keinen Platz. Sie trauen sich nicht, Gott auch als Zweifelnde gegenüberzutreten. Sie glauben, dass Zweifeln nicht erlaubt sei. Dass Zweifel dem Glauben widerspreche. Sie erachten den Zweifel als Infragestellung des Glaubens. Ich sehe das nicht so. Suchen, Hadern und Zweifeln sind Dimensionen des einen Glaubens. Es gibt keinen Grund, diese Dimension des Glaubens geringzuschätzen.

Ich würde sogar noch einen Schritt weitergehen und behaupten: Der Zweifel ist eine Vertiefung des Glaubens. Nur wenn ich durch meine Dunkelheiten hindurchgehe und meine Zweifel aushalte, kann ich die Erfahrung machen, dass ich davon auch wieder befreit werden kann. Diese Erfahrung ist ein Geschenk. Ich kann mich nämlich nicht selbst von meinen Zweifeln befreien. Nicht durch langes Nachdenken oder Grübeln, nicht durch Anbetung oder durch das Singen von Lobliedern. Auch jemand anderes kann mich nicht von meinen Zweifeln befreien. Ich kann lediglich davon befreit *werden*. Das ist wiederum ein theologisches Passiv, wie wir es schon weiter oben gesehen haben. Diejenige, die befreit, ist diejenige, für die wir keinen angemessenen Namen haben. Gott ist die Handelnde. Nur sie kann mich befreien und meine Zweifel beseitigen. Niemand sonst. Nicht ich und keine Seelsorgerin, keine Ärztin und keine Heilerin. Ich kann mir vielleicht für einen Augenblick Erleichterung verschaffen, indem ich getröstet werde und mich trösten lasse. Dabei muss mir aber klar bleiben, dass das nicht die letztendliche Erlösung ist. Erlösung ist nur möglich, wenn ich durch meine Dunkelheiten und Zweifel hindurchgehe. Wie immer Erlösung für mich aussieht, ich werde erkennen, dass ich diese weder verdient noch erarbeitet habe. Das ist die Erfahrung von Gnade. Erlösung ist nicht Verdienst, sondern Geschenk.

Das bedeutet, dass ich meine Zweifel und Ängste annehmen muss. Ich muss sie als Teil meiner selbst erkennen und mit ihnen zu mir stehen können. Mehr noch: Ich muss mich mit ihnen Gott zumuten. Nur so kann ich Befreiung erwarten. Wenn Gott mich nicht liebt mit meinen Schatten und Zweifeln, ist sie keine barmherzige, sondern eine erbärmliche Kraft. Wenn Gott nicht größer ist als meine innere Leere, existiert sie nicht. Wenn sie nicht längst schon um meine Zweifel weiß, ist sie nicht Gott. Was also hält mich noch davon ab, mich ihr mit allem, was mich ausmacht, zuzumuten? Denken wir Gott nicht kleiner, als sie ist.

So verstehe ich den Mystiker Johannes Tauler und sein Bild vom Pferd, welches seinen eigenen Mist auf das Feld hinausführt. Als Last- und Arbeitstier muss das Pferd tatsächlich, man stelle sich das einmal bildlich vor, seinen eigenen Mist aufs Feld karren, wo der Bauer ihn als Dünger verstreut. Aus menschlicher Sicht ist das eine große Demütigung. Dieser stinkende Unflat, den würden wir, sofern wir das Pferd wären, lieber diskret entsorgen. Tauler aber fordert uns auf, unsere Unzulänglichkeit, die wir weder ablegen noch überwinden können, eigenhändig auf den Acker Gottes zu karren und auszubreiten. Das ist alles andere als das Singen süßer Loblieder. Das ist vielmehr die Zumutung meiner Klagen an Gottes Adresse – im Vertrauen darauf, dass daraus eine „köstliche, wohlschmeckende Frucht“ wächst. Die Süße des Lobes steht also am Ende; am Anfang steht der bittere, stinkende eigene Mist.

Mich erinnert das an die Erfahrung des Karsamstags. Lange Zeit ist mir gar nicht aufgefallen, dass es in der Bibel keine Berichte über die Auferstehung gibt. Niemand sieht oder hört, wie Jesus aufersteht. Die Passion wird in den Evangelien ausführlich und detailreich geschildert und wir gedenken dieser Passion, der Folterung und des gewaltsamen Todes Jesu am Karfreitag. Danach ist erst wieder vom leeren Grab und den Begegnungen mit dem bereits Auferstandenen die Rede, was wir in der Osternacht und am Ostersonntag feiern. Dazwischen ist ein Loch, eine Leerstelle im Erzählstrang der Evangelien. Diese Leere ist der Tag, an dem alle in ihrer Not auf sich allein gestellt sind. Das ist Karsamstag, der Tag des Zweifelns. Nachdem Jesus ins Grab gelegt worden ist, kehren alle mehr oder weniger allein in ihre Häuser zurück. Ich kann mir nicht vorstellen, dass die Jüngerinnen und Jünger Jesu, all jene also, die ihm nachgefolgt sind und alle Hoffnung auf ihn gesetzt haben, dass all diese Männer und Frauen in diesem Augenblick nicht der Verzweiflung nahe waren. Ihre Hoffnung ist verloren. Derjenige, der ihnen und allen eine bessere Zukunft versprochen hat, ist umgebracht worden. Damit ist auch ihre Hoffnung gestorben. Das ist Verzweiflung pur. Wie soll es weitergehen? Selbst wenn da noch zwei oder drei beisammen waren, ist diese Hoffnungslosigkeit das ultimative Alleinsein. Man kann auch zu zweit oder zu dritt allein sein, wenn kein Weg mehr weiterzuführen scheint.

Gerade in diesem Alleinsein geschieht im Verborgenen Auferstehung. Das scheint mir ein wunderbares Geheimnis zu sein. Auferstehung geschieht nicht an Ostern. Dann wird sie bloß festgestellt und gefeiert. Auferstehung geschieht im Verborgenen des Karsamstags, dann, wenn jene, die Jesus am nächsten standen, allein, auf sich gestellt und voller Zweifel und Verzweiflung waren. So lehrt uns der Karsamstag, dass wir auch im Gefühl der größten Gottverlassenheit nicht gottverlassen sind. Die Liebe ist am Werk, ohne dass wir sehen können, wie. Umso größer wird unsere Freude sein, wenn wir ihre Früchte erkennen. Wenn wir es wagen, unsere größte Not nicht zu überspringen, sondern sie auszuhalten, wird unser Alleluja einen ganz neuen Klang haben. Weil wir erkannt haben werden, dass wir die Not nicht zu fürchten brauchen. Ich meine, dass wir kein Alleluja von innen heraus singen können, solange wir die Leere des Karsamstags nicht ausgehalten haben.

Erlösung geschieht im Verborgenen. Sie wird nicht gemacht. Sie geschieht dann, wenn mein unruhiges Tun zum Stillstand gekommen ist. Gewissermaßen wenn ich meine persönliche Erlösungserwartung, meine gewaltsam zu Tode gebrachte Hoffnung auf Heil zu Grabe getragen habe. Wenn ich nichts mehr tun kann und zu Recht zweifle. Dann, wenn ich es am wenigsten noch erwarten würde, geschieht Erlösung.

Und diese Erfahrung, diese Gnade führt zum Lob. Wie könnte ich anders, als nach einer solchen Erfahrung in Jubel auszubrechen. Wobei mir auch dann möglicherweise erst noch eine Weile lang der Atem stockt. Wie auch immer: Das Lob steht am Ende des Weges, niemals am Anfang.

Eine Schwierigkeit bleibt, wenn wir auf dem Sonnenhügel gemeinsam Gottesdienst feiern und singen wollen. So wie wir das täglich zwei Mal in unseren Tagzeitengebeten tun. Singen hat darin einen ziemlich großen Stellenwert. Nur stellt sich oft die Frage: Loblied oder Klagepsalm? Die eine ist vielleicht grad gut aufgestanden und freut sich über den neuen Tag. Die andere steckt mitten in einer Schwermut und fürchtet die Stunden, die auf sie zukommen. Loben oder Klagen im Morgengebet? Die eine ist froh, dass sich der Tag neigt und die Dunkelheit sich über die schweren Stunden legt. Die andere ist voller Dankbarkeit für tiefe Erfahrungen. Klagen oder Loben im Abendgebet? So haben wir für die Liturgien auf dem Sonnenhügel den Merksatz geprägt: Kein Klagelied ohne Hoffnung und kein Loblied ohne Platz für Zweifel. Es braucht zwingend ein Gefühl für die verschiedenen Gemütszustände, die unter Umständen gleichzeitig im inneren Chor, in unserem Gebetsraum gegenwärtig sind. Und es braucht Lieder (und Gebete), welche dieser Ungleichzeitigkeit Rechnung tragen. Es gibt Loblieder, die so triefen vor Glück und Seligkeit, dass sie für eine trauernde oder depressive Person unerträglich sind. Und es gibt Klagelieder, die das Leiden in einer Art verherrlichen, dass sie nicht zu rechtfertigen sind. Beides geht nicht. Aber es gibt viele Loblieder, die die Möglichkeit des Zweifels offenlassen, und Klagelieder, welche Hoffnung durchschimmern lassen ohne billigen Trost.[4]

Solche Lieder kann ich selbst dann singen, wenn es das „falsche" Lied für meinen gegenwärtigen Gemütszustand ist, zumal die Melodie als Transportmedium den Fokus etwas vom Text wegnimmt. Die Melodie berührt mich oftmals selbst im Widerstand. Hilfreich dabei ist, wenn es sich um kurze Lieder handelt, welche oft repetiert werden. Dadurch erhält der Gesang einen meditativen Charakter. Das hilft wiederum, sich von den reinen Worten zu lösen und sich von der Melodie tragen zu lassen. Dadurch sinken auch die Worte vom Kopf –

der bisweilen dagegen protestiert – hinunter zum Herz, das viel weiter und aufnahmebereiter ist als meine momentane Gefühlslage. Zudem hat Singen in meinen Augen auch etwas Widerständiges: Manchmal drücke ich mit einem Loblied nicht so sehr meine gegenwärtige Freude aus, sondern vielmehr meine Hoffnung und Sehnsucht, dass ich eines Tages wieder Grund zum Lob haben werde.

18 – Klagen statt jammern[5]

Kraftlos bin ich und ganz zerschlagen,
ich schreie in der Qual meines Herzens.

Ich bin gekrümmt und tief gebeugt,
den ganzen Tag geh ich traurig einher.

All mein Sehnen, Gott, liegt offen vor dir,
mein Seufzen ist dir nicht verborgen.

Aus Psalm 38

Vor ein paar Tagen meldete sich per Telefon eine Frau auf dem Sonnenhügel. Sie berichtete von ihrer Freundin, welche vor ein paar Wochen psychisch erkrankt ist. Vieles ist nicht mehr, wie es vorher war, und eine mögliche Veränderung der Situation scheint (noch) nicht in Sicht. Es war ein langes Gespräch, in welchem sie mir nicht nur die Situation ihrer Freundin schilderte, sondern auch ihre Situation als Freundin: ihre Ohnmacht und Verzweiflung, dass sie gerne helfen möchte, aber nicht wirklich helfen kann. Abschließend sagte sie: „Nun habe ich viel gejammert."

Diese Schlussbemerkung irritierte mich. Die Schilderung ihrer gegenwärtigen leidvollen Situation empfand ich nicht als Gejammer, sondern als Klage. Seit diesem Telefongespräch geht mir immer wieder die Frage durch den Kopf, was Klagen von Jammern unterscheidet.

Um das näher zu erörtern, lohnt sich ein kleiner Ausflug in die Theorie der Psychologie. Viktor Frankl ist der Begründer der sogenannten Logotherapie. Diese Ausrichtung der Psychologie wird auch sinnzentrierte Psychotherapie genannt. Frankl beschreibt drei Dimensionen, die den Menschen ausmachen: die körperliche Dimension, das heißt mein Leib, der physisch Raum einnimmt, mit allen Stoffwechselvorgängen; weiter die psychische Dimension; damit meint er alles, was mit meinem Wohlbefinden und meinen Gefühlen zusammenhängt. Und schließlich die geistige Dimension, also meine Gedanken und Pläne, mein Verstand.[6]

Letztere macht den entscheidenden Unterschied. Dank der geistigen Dimension ist der Mensch in der Lage, über sich selber nachzudenken. Das unterscheidet ihn wesentlich vom Tier und allen anderen Geschöpfen. Durch diese Denkfähigkeit kann er ein Stück weit zu sich selber in Distanz treten. Er kann von seinen Neigungen und Charakteranlagen abrücken. Dadurch hört der Mensch auf, nur um sich selber zu kreisen. So weit ganz knapp zu den Grundlagen der Logotherapie.

In Distanz zu sich selber treten, genau dies geschieht beim Klagen: Ich schaue mit etwas Distanz auf das Schwierige, Traurige und Leidvolle und versuche, dieses zu benennen, indem ich jemandem davon erzähle. Oder vielleicht auch, indem ich es aufschreibe, male, mit Ton forme etc. Ich gebe der Not, die mich bedrückt, eine Gestalt. Dadurch schaffe ich eine hilfreiche Distanz zu mir selbst und meiner momentanen Situation. Darum ist es oft so erleichternd, wenn ich jemandem von meinem Elend erzählen kann. Das schafft ein klein wenig Distanz.

Diese Distanz hat aber noch einen weiteren Effekt. Sie schafft Raum, sodass ich verschiedene Blickwinkel auf die Situation werfen kann. Solange ich noch ganz in meinem eigenen Elend stecke, habe ich keine Distanz. Dann kann ich bloß jammern. Dabei drehe ich mich um mich selber, ohne dabei neue Perspektiven zu gewinnen. Ich bleibe in einer Opferhaltung und kann meine momentanen Lebensumstände nicht gestalten. Ich verharre in einer passiven Rolle und zelebriere die Ohnmacht.

Trete ich aber ein Stück weit daraus heraus, indem ich meiner Not eine Gestalt gebe, indem ich sie also forme oder davon erzähle, kann ich beginnen, sie von verschiedenen Seiten zu betrachten. Nun bin ich plötzlich nicht mehr in meiner eigenen Perspektive gefangen. Es gibt nicht mehr nur eine einzig mögliche Perspektive, sondern ich kann selber verschiedene Blickwinkel einnehmen. So kann ich letztlich selber erkennen und entscheiden, was in dieser konkreten Situation nun das Sinnvollste für alle Beteiligten sein könnte. Insofern ist Klagen ein äußerst sinnvolles Tun. Es eröffnet mir eine Perspektive, die über mich selbst hinausgeht. Und das im Grunde genommen ohne fremdes Zutun. Der Zuhörer, der meine Klage gehört hat, hat mir ja nur das Ohr geliehen, so wie ich der eingangs geschilderten Frau am Telefon.

Klagen ist auch für Seelsorger, Ärzte, Psychologen und andere Berufsleute, welche unter Schweigepflicht stehen, eine wichtige Dimension. Durch die Lebensgeschichten der Menschen, die wir begleiten, werden wir immer wieder mit Situationen konfrontiert, die uns ohnmächtig machen. Wir können diese Situationen und Erfahrungen aber nicht unmittelbar mit jemandem teilen, außer vielleicht anonymisiert in einem beruflichen Zirkel von Supervision oder Intervision. Darüber hinaus kommen aber ganz verschiedene Orte und Gelegenheiten in Frage, wo ich im Alltag klagen kann. Das kann während eines Fußmarsches draußen in der Natur ebenso sein wie in einer Kirche, wo ich vielleicht still eine Kerze anzünde, oder im Gebet in einer Gemeinschaft. Gerade im Gebet, also in einer spirituell ausgerichteten Klage, werde ich mir meiner Größe wie auch meiner Grenzen bewusst. Ich werde mir bewusst, dass ich einerseits das mir Menschenmögliche versuche. Den Rest stelle ich anderseits in einen größeren Horizont, indem ich zu einer höheren Macht, in meiner Sprache: zu Gott, klage. Ich lege leidvolle Situationen hin, seien es eigene oder diejenigen von anderen Menschen. Damit übergebe ich denjenigen Teil, den ich nicht selber prägen und bearbeiten kann, und entlaste mich.

Die Tatsache, dass ich diese Situationen konkret benenne, zeugt übrigens davon, dass in der Klage immer auch leise die Hoffnung mitschwingt. Denn weshalb sollte ich eine Situation beklagen, wenn sie mir hoffnungslos erscheint und ich nicht glaube, dass irgendeine Veränderung möglich ist? So beinhaltet das Klagen immer auch die Hoffnung auf Veränderung. Wie diese Veränderung aussehen mag, lasse ich dabei bewusst offen. Oft besteht Veränderung nämlich einfach darin, dass ich mit dem Unveränderbaren einen neuen

Umgang finde, indem ich in Distanz dazu trete und damit Raum eröffne für neue Perspektiven.

Das ist mit der eingangs dieses Kapitels geschilderten Frau geschehen. Der Alltag mit ihrer psychisch erkrankten Freundin wird sich nicht von heute auf morgen verändern. Während des Klagens am Telefon entdeckte die Frau aber neue Möglichkeiten, wie sie mit diesen zurzeit unveränderbaren Herausforderungen umgehen könnte. Und das einzig, indem ich ihr zugehört habe. Ohne dass ich irgendetwas darüber hinaus für sie getan hätte. Sie hat selber eine neue Perspektive gewonnen.

19 – Beten statt bitten

Als mein Gebet immer andächtiger
und innerlicher wurde,
da hatte ich
immer weniger und weniger zu sagen.
Zuletzt wurde ich ganz still.

Ich wurde,
was womöglich noch ein größerer Gegensatz
zum Reden ist,
ich wurde ein Hörer.
Ich meinte erst,
Beten sei Reden.
Ich lernte aber,
dass Beten nicht bloß Schweigen ist,
sondern Hören.

So ist es;
Beten heißt nicht:
sich selbst reden hören;
Beten heißt:
still werden und still sein
und warten, bis der Betende Gott hört.

Sören Kierkegaard

In der Liturgie der Kirche gibt es einen Teil, der sich „Fürbitten" nennt. Darin werden für alle möglichen Anliegen Bitten formuliert und vorgetragen. Die Absicht dahinter ist ohne jeden Zweifel gut und gerechtfertigt. In den Fürbitten kommt all das zur Sprache, was unser eigenes Tun übersteigt. Die Fürbitten weiten unseren Blick über das persönliche Leben hinaus auf die Nöte der Mitmenschen und der Welt.

Aber die Bezeichnung dieses Teils der Liturgie lässt tief blicken. Wir *bitten* um etwas *für* jemanden. Meist geschieht dies mit Formulierungen im Stil von „Lieber Gott, mach bitte, dass dies oder jenes geschieht"; oder umgekehrt formuliert: „Lieber Gott, bitte bewahre uns vor diesem und jenem.“ Natürlich geschieht dies sprachlich weit ausgefeilter. Am Gottesbild, das dahintersteht, ändert sich dadurch aber nur wenig. Ehrlich gesagt, erinnert mich diese Art des Betens eher an einen Snackautomaten: Oben stecke ich eine Münze rein, wähle auf dem Display, was ich mir wünsche, und das kommt dann auch tatsächlich unten raus. Der einzige Unterschied zum Beten besteht darin, dass wir bei den Fürbitten nie so genau wissen, ob unten wirklich das rauskommt, was wir wollen. Nichtsdestotrotz stecken wir oben eine Menge frommer Gebete rein und wissen dabei ganz genau, worum wir bitten sollen.

Für dieses Gottesbild gibt es einen lateinischen Fachbegriff: *deus ex machina* – Gott aus der Maschine. Dieser Begriff drückt sehr gut aus, welche Vorstellung von Gott hinter einem solchen Beten steht. Es ist die Vorstellung einer Gottheit, über die wir verfügen können, wie wenn wir eine Maschine bedienen. Je mehr, je besser, je frommer wir beten, desto größer ist die Wahrscheinlichkeit, dass unsere Bitten erhört werden und in Erfüllung gehen. So beten Kinder, und das meine ich in gar keiner Weise abwertend. Dieser Gott entspricht der Vorstellungskraft von Kindern. Denn sie haben gelernt, dass sie von ihrem Vater oder ihrer Mutter das bekommen, was sie brauchen. Welche Mutter oder welcher Vater will denn dem geliebten Kind einen Herzenswunsch ausschlagen? Diese Erfahrung mit den eigenen Eltern übertragen Kinder logischerweise auf Gott, die uns die Bibel ja auch als liebenden Vater präsentiert, was in meinem Verständnis auch eine liebende Mutter miteinschließt. Wenn ich Gott also nur inständig genug um das bitte, was mir am Herzen liegt, wird sie es mir wohl liefern.

Leider Gottes führt diese Art des Betens im Erwachsenenalter zu fatalen Missverständnissen. Angenommen, ich bete jahrelang für gute Gesundheit und werde dennoch unheilbar krank. Was dann? Habe ich etwa nicht inständig genug gebetet? War ich nicht fromm genug? Habe ich die Gottesmaschine nicht mit genügend Münzen oder nicht mit der richtigen Währung gefüttert? Ist die Krankheit etwa eine Strafe für meine Sünden? Oder ist dem göttlichen Verpflegungsautomaten das gewünschte Produkt ausgegangen? Diese Gottesvorstellung wird ziemlich absurd oder führt zu Schuldkomplexen.

Darum halte ich religiöse Reifung für wichtig. Wir reifen im Lauf des Lebens ja auch in allen anderen Lebensbereichen. Wir lernen ständig dazu und sammeln Erfahrungen, die wir in unser Denken und unsere Vorstellungen einbauen. Dadurch verändert sich unsere Sicht auf die Welt. Im besten Fall wird unser Horizont Stück um Stück weiter und mehr und mehr finden verschiedene Vorstellungen Platz unter dem Himmelszelt unseres Denkens. Mehr und mehr realisieren wir, dass die Welt vielfältiger ist als richtig und falsch. Sie lässt sich nicht so einfach einteilen in Gut und Böse. Die Welt ist keine Schwarz-Weiß-Fotografie, sondern ein buntes Gemälde mit einer unendlichen Zahl von Farbschattierungen. Oder um es noch einmal mit einem Fachbegriff zu sagen: Die Welt ist nicht dualistisch oder non-dual.

Die allermeisten Personen durchlaufen einen solchen Prozess ganz natürlich. Viele erleben das an der Energie von älteren Personen. Ich nenne sie die Großeltern-Energie. Viele Großeltern gehen gelassener mit ihren Enkelinnen um als die Eltern mit ihren Kindern. Natürlich tragen Großeltern nicht mehr dieselbe Verantwortung. Aber sie können auch auf eine viel größere Lebenserfahrung zurückgreifen. Vorausgesetzt, sie haben diese Erfahrungen mehr oder weniger gut integriert, lässt sie diese viel gelassener reagieren auf manches Wehwehchen oder Weinen.

Auf dem Sonnenhügel erfahren wir diese Großeltern-Energie immer wieder auch in Bezug auf Personen in Krisen. Viele unserer Freiwilligen, die uns unterstützen, sind in Rente und haben einen großen Teil ihrer Lebensgeschichte bereits gelebt. Auf dem Sonnenhügel engagieren sie sich nicht zuletzt deswegen, weil sie sich nicht mehr beweisen müssen. Sie haben ihre Pläne umgesetzt und beruflich wie familiär sinnvolle Ziele erreicht. Ihre Präsenz, zum Beispiel an Wo-

chenenden, hat dadurch eine ganz eigene Kraft. Sie können da sein, ohne dass sie ständig etwas tun müssen. Sie haben meist schon so viel an eigenem Schicksal und fremden Nöten erlebt, dass sie sich nicht mehr so schnell aus der Ruhe bringen lassen. Das Leben hat sie gelehrt, dass mancher Brei nicht so heiß gegessen wird, wie er gekocht wurde. Manche Krise geht fast wie von selber wieder vorüber. Manchmal lohnt sich einfach ein Stück Geduld und Gelassenheit. Diese Lebensweisheit des Alters befähigt sie zu einer eigenen Form von Anteilnahme gegenüber unseren Gästinnen, wie wir Jüngeren sie nicht mit derselben Glaubwürdigkeit ausstrahlen können. Die „Großeltern-Freiwilligen" wissen aus eigener Erfahrung, wie sich Not anfühlt, darum können sie echt Anteil nehmen. Das Leben hat sie gelehrt, damit umzugehen. So wissen sie auch, dass nichts bleibt, wie es ist, sondern sich manche Not im Lauf der Zeit ändert. Darum können sie Ohnmacht aushalten, ohne ständig etwas dagegen tun zu müssen. Das ist reife Altersweisheit.

Kehren wir zurück zur Frage nach unserem Gottesbild beim Beten. Unsere Fürbitten sind oft geprägt von einem einfachen, dualistischen Gottesbild, welches eher einem Kinderglauben entspricht. Wir haben gesehen, auf welche Komplexe es hinauslaufen kann, wenn parallel zu unserem Älterwerden und unseren natürlichen Lernprozessen nicht auch unsere Vorstellung von Gott im Verlauf unseres Lebens reift.[7]

Warum tun wir uns mit dem Wandel unseres Gottesbildes so schwer? Selbst wenn wir innerlich religiös wachsen und reifen, fallen wir bei der Formulierung von Gebeten immer wieder in alte Muster zurück. Mir jedenfalls geht es so. Dabei ist es einerseits so, dass unsere Sprache und damit unsere Gebete ein Spiegelbild unseres Gottesbildes sind. Umgekehrt bedeutet dies, dass wir durch eine bewusst gewählte Sprache auch unser Gottesbild formen und beeinflussen können. Darum scheint es mir hilfreich, unsere Fürbitten respektive unsere Art des Betens näher zu betrachten.

Ich glaube, das Problem unserer maschinenhaften Vorstellung von Gott liegt beim Display. Dort gebe ich meine Wünsche ein. Damit meine ich, dass wir beim Beten immer schon genau zu wissen glauben, was wir wollen oder brauchen. Liebe Gott, mach dies oder bewahre uns vor jenem – da weiß ich schon, was dies oder jenes ist. Ich kenne meine Wünsche und Bedürfnisse und ich habe eine konkrete Vorstellung von Glück und Heil. Damit gerate ich aber früher oder später in Konflikt mit der Wirklichkeit, mit dem Leben an sich. Denn kein Leben verläuft nach Plan. Keine menschliche Vorstellung von Glück findet ihre Entsprechung im wahren Leben. Alles, was wir leben und erleben, ist nur eine Annäherung an unsere Vorstellung von Glück. Irgendwann wird unser Glück gestört. Beim Beten sollten wir diesem Umstand Rechnung tragen.

Eine meiner ersten Erfahrungen während meiner Ausbildung als Spitalseelsorger in den USA ist mir dazu bis heute in Erinnerung geblieben. Es muss in einer der ersten Wochen gewesen sein, als ich notfallmäßig auf die Intensivstation meiner Abteilung gerufen wurde. Dort lag eine junge Frau Mitte zwanzig im Koma. Neben ihr standen schluchzend und weinend ihre Eltern. Aus medizinischer Sicht war der körperliche Zustand der Patientin aussichtslos. Die Wahrscheinlichkeit, dass die Frau jemals wieder aus dem Koma erwachen würde, tendierte gegen null. Selbst wenn das unmöglich Scheinende eintreten und die Frau aus dem Koma erwachen sollte, würde sie dauerhaft bettlägerig sein und auf künstliche Ernährung und Beatmung angewiesen bleiben. Eine Kommunikation mit ihrer Umwelt würde nach menschlichem Ermessen nie mehr möglich sein. Wohl oder übel mussten die Ärzte die Eltern am Bett dieser Frau mit der Frage konfrontieren, ob sie bereit seien, die lebenserhaltenden Maßnahmen einzustellen und ihre Tochter sterben zu lassen.
In solchen Augenblicken schlägt üblicherweise die Stunde der Seelsorgerinnen. In diesem Fall erst recht, denn die Eltern gehörten einer kleinen evangelikalen Kirche an. Sie verlangten nach religiösem Beistand. Sie eröffneten mir sogleich, dass sie fest daran glaubten, dass ihre Tochter wieder vollständig gesund werde, wenn wir gemeinsam nur intensiv genug beten würden. Noch heute Abend könnte ihre Tochter nach Hause zurückkehren, wenn wir „richtig" beteten. Sie forderten von mir nichts weniger als ein Wunder. Sie glaubten

wirklich, dass ein solches geschehen könne. An mir war es nun, gemeinsam mit ihnen darum zu beten. Mir war sonnenklar, dass ich dabei nur versagen konnte. Das zu erbetende Wunder würde nicht geschehen, dazu war die ärztliche Diagnose mehr als nur eindeutig. Ehrlich gesagt, war ich mit dieser Situation ziemlich überfordert. Es wäre naiv gewesen, die Eltern einfach so in ihrem Vorhaben zu unterstützen und unhinterfragt um das Wunder der leiblichen Auferweckung dieser Frau zu beten. Ich hätte dabei eine aussichtslose Hoffnung genährt. Anderseits konnte ich die Eltern in dieser Ausnahmesituation auch nicht von ihrem Glauben abbringen wollen, der ihnen eine so wichtige Stütze war. Mir war klar, dass ich mit diesen Eltern beten musste. Aber wie? Ihre Vorstellung einer Gottesmaschine, bei der unten das Wunder einer gesunden Tochter herauskommt, wenn wir oben nur die richtigen Gebete in genügender Anzahl hineinwerfen, konnte ich nicht teilen. In ihrer Verzweiflung konnte ich ihnen aber auch nicht offen widersprechen. Sie hätten mir meine Zweifel an ihrem Vorhaben, um ein Wunder zu beten, als mangelnden Glauben ausgelegt. Es war nicht der Anlass, ihre Gottesvorstellung zu hinterfragen. Zugleich war mir ihr Gottesbild fremd. Mit einem fremden Gottesbild hingegen konnte ich nicht authentisch beten.

Ich weiß nicht mehr, wie ich diese Spannung konkret aufzulösen versucht habe. Vermutlich habe ich einen ziemlich hilflosen Eindruck hinterlassen. Woran ich mich jedoch gut erinnern kann, ist die Supervision, anlässlich derer ich diesen Fall bearbeiten konnte. Dabei bin ich auf eine Formulierung gekommen, die so simpel und so naheliegend gewesen wäre, dass ich sie bis heute nie mehr vergessen habe. So oder ähnlich hätte ich beten können: „Gott, wir beten gemeinsam am Bett dieser Frau für ein Wunder. Wir glauben, dass ein Wunder geschieht. Aber wir wissen nicht, wie dieses Wunder in deinen Augen aussieht.“

Diese Begebenheit hat mein eigenes Gottesbild nachhaltig verändert. Damals war ich stark in einem dualistischen Bild von richtig und falsch gefangen – stärker noch, als ich es heute zum Teil noch immer bin. Mein innerer Impuls war es, den verzweifelten Eltern zu widersprechen und ihr Gottesbild zu

„korrigieren", indem ich ihnen mein „richtiges", „besseres" Bild näherbrachte. Immerhin spürte ich, dass dies nicht der richtige Weg sein konnte. Innerlich war bereits der Wunsch angelegt, ohne zu urteilen ihre und meine Gottesvorstellung zusammenzulegen und einfach gemeinsam am Bett dieser jungen Frau die Ohnmacht auszuhalten. Aber mir fehlten die Worte dafür.

Dabei beten viele von uns die entsprechenden Worte fast täglich, wenn wir im Vaterunser beten: „Dein Wille geschehe". Wenn wir diese Worte ernst nehmen könnten, würde dieses Gebet uns zur Demut führen, vom Display der Gottesmaschine abzulassen. Denn nicht mein Wille geschehe. Es ist schon richtig, oben Gebete einzulassen. Aber lassen wir die Vorstellung vom Wunschprogramm. Nicht meine Vorstellung von Heil und Glück ist es, worum wir bitten sollten.

Ich hüte mich davor, an dieser Stelle eine Anleitung für „richtige" Fürbitten zu geben. Weil es kein richtiges und falsches Beten gibt. Und weil ich mich selber immer wieder schwertue, so zu Gott zu sprechen, dass ich dabei nicht bloß meine Vorstellungen des Guten zementiere. Aber ich plädiere für eine feine Unterscheidung zwischen Bitten und Beten. Mit Bitten meine ich Gebete, wie ich sie oben beschrieben habe, in denen ich bloß meine Wünsche formuliere und sie gewissermaßen als Forderung an Gott richte. Dabei stelle ich mich im Grunde genommen über Gott und gebe vor, besser zu wissen als sie, was gut und recht ist.

Beten hingegen ist ergebnisoffen. Es ist mehr eine Kontaktaufnahme mit dem Vertrauen, dass mein Gegenüber eine eigene Weisheit besitzt, welche über meine hinausgeht. Denn was weiß ich schon über das Glück und das Heil. Mein privates vermeintliches Glück gerät ja oft genug in Konflikt mit dem Glück anderer Personen oder mit der Natur. Beten kann heißen, dass sich der Wille Gottes über der Erde ausbreiten möge. Nicht mein begrenzter, oft egoistischer Wille, sondern ihr allumfassender Wille geschehe. Beten kann heißen, dass mich Gott lehre, ihre Gegenwart in der Wirklichkeit, wie sie ist, zu erkennen.

Wenn aus Bitten Beten wird, wird aus Beten allmählich Anbeten. Das meint ein Beten in dem Sinne, dass ich mich einfach in die Gegenwart Gottes stelle. Das vollzieht sich unter Umständen auch im äußeren Vollzug des Betens. Wer singt, betet doppelt, soll Augustinus gesagt haben. Dem ist insofern zuzustimmen, als wir beim Singen das einzelne Wort bis zu einem gewissen Grad hinter uns lassen und in die Melodie einschwingen, welche uns zusätzlich auf ganz anderen Ebenen als bloß im Geist und Denken der Sprache ansprechen kann (wir haben das weiter oben schon gesehen). So gesehen ist Poesie dem Singen sehr ähnlich. Auch poetische Texte lassen zwischen dem einzelnen Wort bewusst einen Raum offen, der nicht gänzlich definiert und abgeschlossen ist. Gedichte und poetische Gebete lassen Raum für das Ungesagte und das Unaussprechliche. Ähnliches könnte für weitere Formen der Kunst gesagt werden: Musik, Theater, Tanz, Bilder, Skulpturen, Architektur, Gartenbau – das Feld ist offen. Beten geschieht überall dort, wo ich versuche, demjenigen Ausdruck zu verleihen, was ich nicht allumfassend fassen kann.

Wenn also Singen und Kunst doppelt gebetet ist, so würde ich so weit gehen zu behaupten, dass Schweigen ein dreifaches Beten ist. All unser Beten und all unser Ringen mit Gott münden letztlich in Schweigen. Das meint nicht eine Sprachlosigkeit oder ein Verstummen in Anbetracht der Ohnmacht. Schweigen meint, mich ganz ohne eigene Vorstellung in die Gegenwart Gottes zu stellen. Schweigen meint Dasein, Staunen, Schauen und mich anschauen lassen. Schweigen meint letztlich Horchen. Laut Duden bedeutet Horchen, „mit großer Aufmerksamkeit versuchen, etwas zu hören“[8]. Beten bedeutet, mit großer Aufmerksamkeit zu hören, was Gott mir zu sagen hat, statt ihr zu sagen, was sie zu tun hat.

20 – Das Gewöhnliche nicht für selbstverständlich nehmen

Auf die größten, tiefsten, zartesten Dinge in der Welt
müssen wir warten, da geht's nicht im Sturm,
sondern nach den göttlichen Gesetzen des Keimens
und Wachsens und Werdens.

Dietrich Bonhoeffer[9]

Ich wohne in einer Gegend, in der andere Ferien machen. Das Entlebuch ist eine abwechslungsreiche Landschaft, eingebettet zwischen der Ebene des Schweizer Mittellandes und den Alpen. Auf der einen Seite prägt der sanft hügelige, weitverzweigte Napf diese Landschaft. Auf der anderen Seite liegen gegen die Alpen hin zahlreiche Hochmoore und eine schroffe Karstlandschaft. Dazwischen gewinnt man immer wieder einen Ausblick auf die schneebedeckten Berner Alpengipfel. Gerade in seinem Abwechslungsreichtum und seiner Widersprüchlichkeit liegt der Reiz dieser Landschaft. Kein Wunder, dass das Entlebuch als erste Landschaft in der Schweiz als UNESCO-Biosphäre ausgezeichnet wurde.[10]

Von unserem Kloster aus führen nach wenigen Schritten die schönsten und abwechslungsreichsten Wanderwege in diese Gegend. Ob ein kurzer Spaziergang oder eine ausgedehnte Tageswanderung, beides ist gleichwohl möglich. Auch mit dem Fahrrad gibt es vielfältige Touren, auf denen man kaum einer Menschenseele begegnet, vorausgesetzt, man scheut das Auf und Ab nicht (oder hat die Unterstützung eines Elektromotors). Wenn ich könnte, würde ich sofort im Entlebuch Ferien machen. Dass ich das nicht tue, liegt nicht in erster Linie daran, dass ich hier lebe und arbeite. Um Ferien zu machen, hilft es zwar, dass ich wegfahren und meinen Alltag zurücklassen kann. Aber das wäre nicht zwingend. Es gibt noch etwas anderes, das mich oft daran hindert, die Qualität von Ferien vor der eigenen Haustür zu erfahren: Diese Gegend hier ist mir zur Selbstverständlichkeit geworden.

Das wurde mir neulich bewusst, als ich mit dem Fahrrad zu einem etwas abseits gelegenen Bauernhof unterwegs war. Zwar hatte ich dazu bewusst einen Umweg gewählt, der mich nicht die vielbefahrene Talstraße, sondern auf halber Höhe über dem Tal sanft die Schwingungen der Hügel entlangführte. Trotzdem bin ich dann unterwegs gedankenverloren dahingeradelt, weil mich irgendetwas beschäftigt hat, dem ich nachgehangen bin. Ich war zwar unterwegs in einer wunderschönen Landschaft, aber gedanklich war ich noch zu Hause. Plötzlich musste ich doch innehalten. Auf einem schmalen Abschnitt der Straße öffnete sich unverhofft der Blick zwischen zwei Bäumen hindurch über frisch gemähte Weiden auf die schroffen Felsen gegenüber. Es war, als ob ich gerade das Bild eines Tourismusprospektes betrachten würde. Von diesem schönen Anblick berührt, konnte und wollte ich nicht mehr so weiterfahren wie davor. Ich versuchte auf der weiteren Fahrt bewusst, mit all meinen Sinnen wahrzunehmen. Mal führte die Straße über sonnenbeschienene Weiden. Es war warm und roch da und dort nach Heu. Hinter der nächsten Kurve bog der Weg in einen kleinen Wald mit seiner kühlen, feuchten Luft und einem Geruch nach Moos und Baumrinden. Und so fort: Hinter jeder Biegung und bei jeder Verzweigung war etwas Neues zu riechen und zu entdecken. Plötzlich kam es mir vor, als radelte ich zum ersten Mal durch diese Gegend, obwohl es ein Weg war, den ich schon oft gefahren war. Mein kleiner Ausflug hatte plötzlich die Qualität, als ob ich im Urlaub wäre, und das unmittelbar vor meiner Haustür.

Diese Erfahrung widerspiegelt eine nicht nur in der Seelsorge wichtige Haltung. Im englischsprachigen Raum spricht man vom „beginner's mind", vom Anfängergeist. Allzu oft geht man mit vorgefassten Ideen, ja geradezu mit Vorurteilen in eine Begegnung hinein. Selbst gegenüber einer Person, der ich noch nie zuvor begegnet bin, mache ich mir auf den ersten Blick ein Bild. Größe, Geschlecht, Hautfarbe, Gesichtsausdruck, Kleider, Haare, Körperhaltung, Geruch – alles löst, oft unbewusst, etwas in mir aus. Der erste Eindruck zählt, sagt man nicht von ungefähr. Unbewusst vergleiche ich mit früheren Begegnungen, mit anderen Menschen, und sofort formt sich in mir ein Urteil, wenn ich mich nicht aktiv dagegen wehre. Ich taxiere jemanden flugs, ob er mir sympathisch ist oder nicht. Noch viel stärker ist das der Fall bei Menschen, die ich bereits kenne oder zu kennen glaube: Oh je, der schon wieder … Oh ja, mit dem treff ich mich gerne …

Die Haltung eines Anfängers meint, auf jede Begegnung so zuzugehen, als sei es gerade die allererste Begegnung. Als hätte ich keine Ahnung, wer oder was mich erwartet. Als brächte ich keine (Vor-)Erfahrungen und also auch keine (Vor-)Urteile mit. Dazu brauche ich mir meiner Erfahrungen, Erwartungen und (Vor-)Urteile bewusst zu werden, so dass ich sie ausdrücklich zur Seite legen kann. Denn wenn ich ehrlich bin, kann ich nie wissen, was mich erwartet. Jeder Augenblick, jede Begegnung ist einmalig und neu. Niemand kann zwei Mal in denselben Fluss steigen, hat bereits der griechische Philosoph Heraklit festgestellt. Und das Leben ist im Fluss. Diese einfache Feststellung bedeutet, dass sich jeder Mensch und die Umstände, in welchen er lebt, jederzeit verändern. Darum kann ich gewissermaßen kein zweites Mal dem exakt gleichen Menschen begegnen. Seit unserer letzten Begegnung haben wir uns beide verändert. Vorurteile sind die größten Stolpersteine für echte Begegnungen.

Die Haltung des Anfängers lässt sich nicht nur auf Begegnungen mit Menschen anwenden, sondern auch auf Situationen übertragen. Als Beispiel lohnt sich ein Blick auf die Traumatherapie. Menschen, die ein sogenanntes Trauma erlebt haben, zum Beispiel Missbrauch oder einen Unfall, leiden oft jahrelang darunter. Immer wieder geraten sie in Situationen, die eine sogenannte Retraumatisierung auslösen. Dies geschieht, indem eine ähnliche Erfahrung wie damals, ein sogenannter Trigger, eine heftige irrationale Reaktion auslöst, die auf die gegenwärtige Situation bezogen keinen Sinn macht. Man kann sie nur verstehen im Licht der Vorerfahrung. Solche Überreaktionen sind für die Betroffenen wie für ihr Umfeld äußerst belastend. Um sie mildern zu können, müssen Betroffene lernen, zwischen damals und heute zu unterscheiden und das Heute als einmalig und neu wertzuschätzen. Es mag sein, dass sich eine bestimmte Situation ähnlich anfühlt wie früher, als der Person das Trauma widerfahren ist. Der gegenwärtige Augenblick ist aber neu und einmalig. Jetzt ist jetzt und nicht damals. Es *fühlt* sich so an wie damals, aber es *ist* nicht wie damals.

Wir müssen nicht Traumatisierte sein, um uns diese Haltung zu eigen zu machen. Die Haltung des „beginner's mind" bewahrt uns vor dem Anspruch, irgendeine Situation unter Kontrolle zu haben. Denn das haben wir eigentlich nie. Konsequent zu Ende gedacht, müssen wir erkennen, dass wir in jeder Situation ohnmächtig sind. Das anzuerkennen eröffnet umgekehrt einen ganz neuen Blick auf das Leben. Statt vermeintlich Bekanntem zu begegnen oder uns darüber zu ärgern, dass ein Augenblick halt doch nicht so ist, wie wir ihn erwartet hätten, wird das Leben durch die Haltung eines Anfängers noch viel reichhaltiger und bunter, als es hoffentlich bereits ist.

Dazu gibt es eine passende Bibelstelle. Diejenigen, die Jesus nachfolgten, fragen ihn, wer der Größte sei mit Blick auf das Reich Gottes. Es ist eine naive und zugleich sehr menschliche Frage. Jeder wollte der Beste sein. Jeder bemühte sich, es gut und recht zu machen. Jeder erhoffte sich dafür die entsprechende Belohnung, nämlich der Größte zu sein. Die Sehnsucht ist normal, im „Himmelreich" der Größte sein zu wollen, das heißt, eine möglichst große Nähe zu Gott zu haben. Es ist dies nichts anderes als die grundlegende menschliche Sehnsucht nach der Einheit mit Gott. Wir alle möchten im Grunde ganz mit Gott eins sein. Die Frage der Jünger ist also normal. Überraschend ist vielmehr Jesu Antwort. Er verurteilt die Seinen nicht für den Konkurrenzkampf hinter dieser Frage, wie man es vielleicht hätte erwarten können. Erwartet hätten wir vielleicht auch eine Antwort in die Richtung, dass wir die Gebote besonders gut halten sollten oder dass wir besonders erfahren und weise sein sollten oder was auch immer. Nichts von alldem. Jesu Antwort lautete: „Wenn ihr nicht umkehrt und wie Kinder werdet, könnt ihr nicht in das Himmelreich eintreten" (Mt 18,3).

Wieder haben wir hier das Wort „umkehren“, das so viel bedeutet wie: eine andere Perspektive einnehmen. Wir haben das weiter oben bereits gesehen. Darin liegt vielleicht doch eine versteckte Kritik am Gerangel unter den Jüngern. Vergesst es, könnte die Botschaft etwas salopp lauten. Was kümmert ihr euch um Größe und Kontrolle, Macht und Einfluss. Ändert euren Blickwinkel und nehmt die Kinder als Vorbild: Sie sind unfertig und machtlos, dafür aber erwartungsvoll und staunend. Wer Kinder im Wald oder sonstwo in der Natur beobachtet, kann viel von ihnen abschauen. Es wird Kindern draußen kaum je langweilig, weil es so viel zu entdecken gibt. Jeder Käfer, jede Raupe, jeder Schmetterling, jede Blume, jede Nuss ist einmalig. In Kindern ist das Urvertrauen, der Urglaube noch erhalten und unverstellt. Sie haben einen Sinn für Wunder und begreifen, dass die Welt größer ist, als wir wahrnehmen können.

Bin ich abgelenkt oder abgeklärt und nicht im Augenblick gegenwärtig, habe ich keinen Blick für die kleinen Wunder der Natur, welche mir kleine Kinder da ständig präsentieren. Ich kenne das ja alles schon, schließlich bin ich schon so alt und habe schon so vieles gesehen und gelernt. Nichts ist mehr einmalig und neu. Die Welt und das Leben gehen aber über unser Wissen und Verstehen hinaus. Kinder können die Welt intuitiv wahrnehmen wie Urlaub vor der Haustüre. Urlaub machen zeichnet sich unter anderem ja dadurch aus, dass der Urlaub mich aus der Routine des Alltags befreit. Gewohnte Abläufe und Umgebungen werden bewusst durchbrochen. Dadurch finde ich Erholung und sehe viele Dinge neu. Kinder kennen noch keine Routine des Alltags. Darum rückt sie Jesus als Repräsentanten der Familie Gottes ins Zentrum. Kinder nehmen das Alltägliche und Gewöhnliche nicht als selbstverständlich, sondern sehen es als Wunder. Sie sind die Mystiker unserer Tage.

21 – Sich lieben lassen

Du, Mensch,
schau dich in deinem Leben
nie so an,
als wärest du ferne von Gott.
Und wenn du dich nicht so ansehen kannst,
dass du nah seist bei Gott,
so fasse doch den Gedanken,
dass Gott nahe bei dir ist.

Meister Eckhard

Es ist einer der größten Widersprüche im menschlichen Leben: Einerseits möchten wir geliebt werden und tun (fast) alles dafür. Andererseits fällt es uns äußerst schwer, uns lieben zu lassen. Ich weiß, dass das reichlich paradox klingt. Sich lieben lassen kann doch nicht so schwer sein, könnte man denken. Ich halte gerade dies aber für die schwierigste und zugleich für die wichtigste Lebensaufgabe einer jeden Person. Das gilt nicht so sehr für die Liebe von meinen Mitmenschen als vielmehr für die Liebe Gottes zu mir.

Bedingungslose Liebe ist für uns nur schwer vorstellbar. Was tun wir nicht alles, um uns die Liebe anderer – und letztlich auch die Liebe Gottes – zu erarbeiten! Das Enneagramm ist für mich ein gutes Raster, um mein Verhältnis zur Liebe zu beschreiben.[11] Je nach Typ, mit welchem ich mich identifiziere, kann ich durch das Enneagramm gut erkennen, was ich alles tue, um von anderen geliebt zu werden, und was ich tue, wenn ich mich nicht geliebt fühle. Das sieht dann in etwa so aus:

1) Ich versuche, alles richtig zu machen, perfekt zu sein, um geliebt zu werden.
2) Ich bin für andere da und helfe unablässig, um von ihnen geliebt zu werden.
3) Ich mache ständig etwas und vollbringe überdurchschnittliche Leistungen, um von anderen bewundert und geliebt zu werden.

4) Ich habe Angst, nicht geliebt zu sein.
5) Ich ziehe mich zurück und beobachte, ob und wie mich die anderen lieben.
6) Ich halte es nicht aus, wenn Streit und Unfriede herrschen. Darum vermittle und versöhne ich. Dann werde auch ich geliebt.
7) Ich will gar nicht spüren, dass ich nicht ständig geliebt werde. Das wäre nämlich nicht zum Aushalten. Darum lenke ich mich ständig ab und habe Spaß.
8) Ich übe Macht aus über andere. So kann ich sie mir auf Distanz halten und bin nicht von ihrer Liebe abhängig. Und wenn ich meine Macht gut ausübe, werde ich dafür trotzdem geliebt.
9) Ich bin die Liebe selbst. Ich ruhe in der Liebe.

Es ist normal, dass wir geliebt werden wollen. Und es ist normal, dass wir alles dafür tun, geliebt zu werden oder den Schmerz der fehlenden Liebe zu übertönen. Ohne Liebe können wir nicht leben. So normal dies ist, aus spiritueller Sicht lassen wir dabei eines außer Acht: Wir *sind* bereits Geliebte. In der Bibel ist der Schöpfungsbericht dafür die zentrale Ausgangsstelle, die ich mir gerne immer wieder vor Augen führe: „Lasst uns Menschen machen als unser Bild, uns ähnlich!“, heißt es im ersten Schöpfungsbericht (Gen 1,26).

Gott hat sich in uns ein Gegenüber geschaffen, aus sich heraus. Das ist einmalig. Später in der Heilsgeschichte ist sich Gott sogar nicht zu schade, in Jesus selber Mensch zu werden, mit Haut und Haar. Somit vollzieht Gott nicht nur die Freude und Lust, sondern auch die Grenzen und Schmerzen jeder menschlichen Existenz selber nach. Also dürfen wir mit Fug und Recht behaupten: Gott und Mensch sind im Grunde eins. Sie ist in mir und ich bin in ihr. Aber das ist noch nicht alles. Hinzu kommt, dass niemand diese Einheit zu erarbeiten oder zu verdienen braucht und sie sich nicht auflösen lässt. Durch nichts auf der Welt.

Zu dieser Einsicht sind schon ganz andere gekommen. Der Begründer der Logotherapie, Viktor Frankl, dem wir weiter oben bereits begegnet sind, schreibt: Der innerste Kern des Menschen, seine Würde, ist zwar „störbar, aber nicht zerstörbar“[12]. Thomas Merton, ein amerikanischer Trappist und Autor, spricht vom „point vierge“, einem jungfräulichen Punkt, der jeder Person innewohnt. Er meint damit einen Punkt, der unberührt und unversehrt ist: „Es ist der Punkt der lauteren Wahrheit, ein Punkt oder Funke, der ganz Gott gehört. Nie können wir über diesen Punkt verfügen, sondern Gott fügt von diesem Punkt aus unser Leben. Er lässt sich nicht von den Phantasien unseres eigenen Geistes erreichen, er lässt sich nicht mit gewalttätigem eigenem Wollen erobern. Dieser Punkt der Nichtigkeit und der absoluten Armut ist der Punkt der reinen Herrlichkeit Gottes in uns. Er ist sozusagen der Name Gottes, der in unser innerstes Wesen geschrieben ist, als unsere Armut, als unsere Bedürftigkeit, als unsere Abhängigkeit, als unsere Gotteskindschaft.“[13]

Alle diese Bilder und Formulierungen meinen dasselbe: Nichts in der Welt kann mich von der Einheit mit Gott trennen. Nichts kann dieses Heil zerstören, was immer mir auch widerfährt. Es können wohl Dinge geschehen, die dieses Heil stören, verschütten oder erschüttern, so dass ich mich nach Heilung sehne. Aber das innerste Heil ist nicht zerstörbar.

Diese Erkenntnis halte ich für absolut zentral in der Frage nach der Ohnmacht. Damit werden nämlich ganze Theologien des sündigen Menschen hinfällig. Theologien, die behaupten, wir seien aus der Einheit mit Gott gefallen und nun dazu verdammt, durch Leiden und Fegefeuer oder Opfer und Selbstverleugnung diese Einheit wiederherzustellen. Der Mensch ist von Grund auf gut und die Einheit des Menschen mit Gott ist von allem Anfang an und für alle Ewigkeit gegeben. Die Einheit mit Gott muss nicht leidvoll wiederhergestellt werden – sie ist unauflösbar. Aber es ist schwer, das anzunehmen. Einerseits sehnen wir uns danach, geliebt zu werden. Anderseits weigern wir uns zu glauben, dass wir Geliebte sind.

Warum leben wir eigentlich, als seien wir nicht geliebt? Ich meine, dass es uns schmerzt, dass wir von Gott bedingungslos geliebt sind. Auch das mag paradox klingen. Aber Gottes Liebe steht gefühlsmäßig so sehr im Widerspruch zu unseren Unzulänglichkeiten, die wir tagtäglich erfahren, dass dieser Widerspruch Schmerzen erzeugt. Wir schämen uns vor Gott, dass sie uns liebt, obwohl wir an uns selber bloß unsere Unvollkommenheit sehen. Wir wären so gerne diejenigen, die Gott in uns sieht. Diese Diskrepanz tut weh.

Gottes Liebe ist bedingungslos und unverbrüchlich, das lässt sich auf der Grundlage der Bibel nicht leugnen. Was würde sich in meinem Leben alles ändern, wenn ich diese bedingungslose Liebe spüren und annehmen könnte? Welche Besitztümer und welche Statussymbole müsste ich dann nicht mehr haben? Welche Lebenslügen könnte ich loslassen? Welche meiner Ängste und inneren Blockaden würden sich auflösen? Die Liebe Gottes ist im wahrsten Sinne des Wortes ein unglaubliches Geheimnis, ein Geheimnis, das ich fast nicht glauben kann. Wenn mir aber genau dies gelänge, dann käme das einer Art Revolution in meinem Leben gleich. Dann bliebe kein Stein mehr auf dem anderen.

Und genau das macht mir Angst. Denn dann entlarvt sich mein bisheriges Leben zum großen Teil als Lebenslüge. Mein Leben, in dem sich bisher so vieles darum gedreht hat, mir die Liebe anderer zu verdienen, erscheint plötzlich in einem ganz anderen Licht. Mein bisheriges Bemühen ist mir peinlich. Es entlarvt sich als nutzlos und leer. Ja, ich werde mir sogar schmerzlich bewusst, dass ich andere Personen gebraucht und damit in einem gewissen Sinn missbraucht habe, um geliebt zu werden. Weil ich nicht glauben kann, dass ich bereits geliebt bin.

Mich als Geliebten Gottes anzuerkennen ist noch aus einem anderen Grund schmerzhaft und schwierig. Wenn ich bedingungslos geliebt bin, warum denn die anderen nicht? Kann ich es zulassen und gutheißen, dass auch meine Mitmenschen Geliebte Gottes sind? Nicht bloß meine Frau, die ich auf einzigartige Weise liebe. Nicht nur meine Kinder, die ich als Teil meiner Selbst erkennen kann. Nicht bloß meine Freundinnen und Kolleginnen, die ich mir alle in gewisser

Weise selbst ausgesucht habe. Sondern auch die Nachbarin mit ihrer Weltsicht, die mir so kleinkariert vorkommt. Auch die Andersgläubige, die durch ihre bloße Anwesenheit meine vermeintlichen Fundamente ins Wanken bringt. Ja, selbst die Täterin, die mir oder anderen unheilbaren Schaden angerichtet hat? Es ist für die meisten zu viel verlangt, jemanden zu lieben, die durch eine schreckliche Tat massiven Schaden angerichtet hat. Das kann ich auch gut verstehen. Aber woher nehme ich das Recht, dieser Täterin abzusprechen, dass sie ebenso wie ich ein geliebtes Kind Gottes ist? Sie ist es, auch dann, wenn ich es selbst nicht fassen kann.

Diese Vorstellung ist schwer auszuhalten. Darum ist es einfacher zu glauben, dass auch die Liebe Gottes zu mir nicht bedingungslos ist, sondern ich sie mir verdienen muss durch rechtes Benehmen und gute Taten. Sich die Liebe zu verdienen ist einfacher, als sich lieben zu lassen, denn durch das Verdienen kann ich etwas tun. Ich kann gute Werke vollbringen und meine Sünden bekennen. Ich kann mir an die Brust klopfen und um Verzeihung bitten. Ich kann öffentlich meine Schuld bekennen und Besserung geloben. Wenn ich mich nicht geliebt fühle, kann ich Schuldige dafür suchen. Entweder bei mir: Ich war nicht fromm oder brav genug. Oder bei anderen: Sie lieben mich nicht, obschon ich so viel für sie getan habe. Ich glaube, wir alle kennen diese Muster aus eigenem Erleben.

Nun bin ich aber bedingungslos geliebt, bevor ich irgendetwas dafür tun konnte. Ich bin vom allerersten Atemzug weg erfüllt von der Liebe Gottes, bis zutiefst ins Innere meiner Existenz, durchsetzt in jeder Faser meines Leibes und meines Seins: Was soll ich dann noch tun? Wo soll ich hin mit meiner Erfahrung, nicht perfekt zu sein? Fehler gemacht zu haben? Andere verletzt zu haben? Unbeabsichtigt zwar, aber es ist trotzdem geschehen. Und es lässt sich nicht mehr rückgängig machen. Wie kann ich dann aushalten, dass ich gewisse Dinge früher anders gesehen habe als heute? Dass gewisse persönliche „Dogmen“, für die ich mich so vehement eingesetzt und mit Hilfe derer ich andere ausgestoßen habe, sich als Irrtum herausgestellt haben?

Ich kann es nicht glauben, dass ich mit all meinen Ecken und Kanten geliebt bin. Meine Vorstellung von Liebe ist so ganz anders. Ich habe eine Vorstellung von perfekter Liebe, die eine perfekte Person voraussetzt. Aber Gottes Liebe ist größer. Ihre Liebe braucht keinen Perfektionismus als Voraussetzung. Im Gegenteil: Das Perfekte ist nicht perfekt. Es ist bloß makellos. Ein schöner Schein, der das Dunkle dahinter verbirgt. Gott kennt mein Dahinter bereits, und das ist keine Drohung. Ihre Zusage mir gegenüber gilt unbedingt. Wenn ich mich doch nur in diese Liebe fallen lassen könnte.

Interessanterweise gelingt es den meisten von uns viel besser, andere zu lieben, als sich selbst lieben zu lassen. Wir haben uns den ersten Teil des Gebotes der Nächstenliebe sehr zu Herzen genommen: Liebe deine Nächste wie dich selbst. Das „wie dich selbst" wird dabei gerne vergessen, weil es schmerzt. Wenn es uns gelingen würde, uns zuerst in die bedingungslose Liebe Gottes fallen zu lassen, würde dies auch unsere Liebe zu den Nächsten auf eine ganz andere Ebene katapultieren. Dann wäre diese Liebe von uns zu anderen nicht mehr nur die gute Tat, um uns die Liebe Gottes zu verdienen. Sie wäre nicht mehr das blinde Befolgen eines religiösen Gebotes, das uns durchaus logisch und sinnvoll erscheint. Sondern dann wäre sie die logische und zwingende Folge der selbst erfahrenen Liebe. Die Folge der bedingungslosen göttlichen Liebe ist, dass ich selbst lieben werde. Dass ich die Liebe weiterschenke, wie ich sie selbst erfahren habe. Auf Liebe kann ich nur mit Liebe antworten. Niemand ist auf meine Liebe angewiesen. Aber wenn ich mich als Geliebter Gottes erkenne, kann ich nicht anders als ebenfalls zu lieben.

Die meisten von uns sind bereit und in der Lage dazu, zu lieben. Aber die wenigsten von uns sind in der Lage, sich bedingungslos lieben zu lassen. Obwohl wir uns genau dies ersehnen.

Ich habe mir eine Übung angewöhnt, um dieser tiefen Sehnsucht Raum zu geben. Dazu nehme ich mir eine stille Zeit und setze mich an einen ruhigen Ort. Ich versuche, ganz wach und aufrecht da

zu sein, und schließe meine Augen. Meine Absicht ist es, für diese Zeit nichts zu tun und nichts zu denken. Nichts, außer mich lieben zu lassen.
Als Erstes nehme ich Kontakt auf mit dem Boden und lasse mich tragen. Dazu spüre ich jenen Stellen nach, die direkt oder indirekt Bodenkontakt haben: das Gesäß, die Füße, falls ich knie, auch die Knie.
Dann beobachte ich für eine Weile meinen Atem, wie er von alleine kommt und geht. Ich beeinflusse meinen Atem nicht. Es geht nicht darum, besonders tief zu atmen. Ich beobachte bloß, wie mein Atem jetzt ist. Dies gelingt mir am einfachsten, indem ich mich auf den Raum knapp unterhalb der Nase konzentriere, wo die kühle Luft ein- und die angewärmte Luft ausströmt. Ich lausche diesem Strömen und fühle den feinen Temperaturunterschied.
Dann lasse ich mich anschauen. Ich stelle mir vor, dass Gott mir gegenübersitzt und mich mit wachem, offenem, interessiertem Blick anschaut. Dabei geht es nicht um meine Vorstellung von Gott. Ich mache mir kein Bild von Gott. Ich spüre lediglich nach, wie Gottes Blick auf mir ruht. Ein liebevoller Blick. Ich lasse Gottes Blick auf mir ruhen, indem ich meine Aufmerksamkeit immer wieder neu auf den Atem richte.
Möglicherweise kommen mit der Zeit Gefühle auf. Ich lasse sie kommen und da sein im Wissen, dass es jetzt nicht um diese Gefühle geht. Trotzdem sind sie da. Vielleicht schäme ich mich. Vielleicht steigt Traurigkeit hoch. Vielleicht werde ich gar wütend oder bekomme Angst. Oder ich empfinde eine tiefe Freude. Alles ist möglich. Alles darf jetzt sein. Aber es geht nicht um diese Gefühle. Ich muss nichts mit ihnen machen und mich nicht mit ihnen auseinandersetzen. Ich lasse sie lediglich einen Augenblick da sein und schaue sie an. Sie gehören zu mir, aber ich bin mehr als meine Gefühle. Dann übergebe ich sie Gott. Ich stelle mir vor, wie ich sie in eine leere Schale oder in Gottes Hände lege. Gott weiß damit umzugehen. Gott wird meine Gefühle verwandeln.
Dann kehre ich zum Atem zurück und lasse mich weiter anschauen. So vergegenwärtige ich mir, dass ich ein geliebtes Kind Gottes bin.
Zum Schluss meiner Zeit verneige ich mich vor Gottes Gegenwart und kehre in meinen Alltag zurück.

Diese Übung kann ich fünf Minuten lang machen oder eine halbe Stunde, je nachdem wie viel Zeit ich mir dafür nehmen kann. Die Länge spielt gar nicht eine so große Rolle. Zu Beginn starte ich vielleicht mit einer kürzeren Dauer. Mit der Zeit fällt es mir einfacher, etwas länger dabeizubleiben. Hilfreich ist sicher, wenn ich die Übung regelmäßig mache, wenn möglich täglich. So wird sie mit der Zeit zu einer Selbstverständlichkeit. Ja, vielleicht gelingt es mir sogar hie und da, mit dem Bewusstsein aus dem Haus zu gehen, dass der liebende Blick Gottes jederzeit auf mir ruht, auch wenn ich mir dies nicht ständig vergegenwärtigen kann. Wichtig scheint mir meine Absicht: dass ich mich mit Entschiedenheit getraue, mich dem liebenden Blick Gottes auszusetzen. Eines möchte ich dabei noch betonen: Es geht um Liebe. Gott schaut mich nicht kritisch oder streng an. Sie will mich lieben und mich in ihre Liebe hineinziehen. Ich darf mich lieben lassen. Auch wenn nicht alles in Ordnung ist. Gott will mich nicht korrigieren. Sie will mich ins Heil lieben.

22 – Gebraucht werden

Lebendig sein heißt in Beziehungen stehen. Beziehungslosigkeit ist der Tod des Menschen und eine der möglichen Beziehungen zu anderen und zur Welt ist, dass man nötig ist, dass man uns braucht und gebraucht.

Fulbert Steffensky

Ein Mann sitzt mir im Gesprächszimmer gegenüber. Er hat sich soeben von mir den Sonnenhügel zeigen lassen. Nun erwägen wir miteinander, ob dies der geeignete Ort ist für einen längeren Aufenthalt. Er erzählt mir von seiner Krankheit, welche ihn seit vielen Monaten quält. Einst war er der Ernährer der Familie. Dann kam die Depression. Erst war er einfach nur krankgeschrieben, erst für Tage, dann für Wochen, schließlich über Monate. Mittlerweile ist klar, dass er nie mehr an seinen Arbeitsplatz zurückkehren wird. Der Depression wegen hat er seine Arbeitsstelle verloren. Finanziell ist das nicht einmal ein so großes Problem, sagt er. Er hat Anspruch auf eine Rente. Das bedeutet zwar eine große Einbuße, aber die Familie kommt damit durch. Aber die Arbeit war noch aus ganz anderen Gründen wichtig: Er hat in seinem Beruf auch Sinn und Freude gefunden. Er hatte an seinem Arbeitsplatz wichtige Kontakte zu Kollegen. Und nicht zuletzt hat es ihn mit Genugtuung erfüllt, dass er für seinen Lohn arbeiten konnte. Dadurch war er jemand. Alles das fehlt nun. Seitdem sitzt er zu Hause. Oder vielmehr: meistens liegt er. „Wozu soll ich morgens aufstehen? Es will ja eh niemand mehr etwas von mir."

Selbstverständlich möchte ich nicht dem widersprechen, was ich bisher geschrieben habe. Wenn ich hier dennoch unvermittelt vom Wert der Arbeit und des Tuns schreibe, so meine ich damit ein Tun, welches gerade nicht unseren Drang nach Macht und Kontrolle nährt. Vielmehr meine ich ein Tun, das mit Kreativität, mit unseren Händen und mit Sich-Beteiligen zu tun hat.

Gut aufzeigen kann ich das am Konzept des Sonnenhügels. Wir geben den Gästen zu verstehen, dass wir sie brauchen.

Dadurch drehen wir gewissermaßen den Spieß um. Eigentlich kommen die Gäste ja zu uns, weil sie Schutz, Geborgenheit und Struktur suchen. Das mag dieser Ort alles bieten. Darüber hinaus aber binden wir die Gäste so in den Alltag ein, dass sie erleben können, dass es sie braucht. Konkret geschieht das über die Arbeit. Wer als Gast auf dem Sonnenhügel lebt, muss mitarbeiten. Im Garten, in der Werkstatt und im Haushalt gibt es mehr als genug zu tun. Dabei verrichten die Gäste reale Arbeit, auf die wir angewiesen sind. Wir haben keine Angestellten, die für uns und die Gäste kochen, waschen, putzen oder jäten. Wir erledigen alles gemeinsam. Was die Gäste hier arbeiten, ist nicht bloß gut und nett. Es ist mehr als Beschäftigung, bei der es im Grunde nicht darauf ankommt, ob es erledigt ist oder nicht. Ob beispielsweise jemand im Garten Salat erntet oder nicht, lässt sich beim Mittagessen unschwer feststellen. Was ein Gast tut oder nicht tut, macht einen Unterschied. Es kommt auf ihn an. Er ist nicht bloß ein Gast, der umsorgt wird, sondern er ist Teil einer Gemeinschaft, die auf ihn zählt. Natürlich respektieren wir die körperlichen und psychischen Grenzen unserer Gäste. Aber wir reduzieren die Gäste nicht auf diese ihre Grenzen, sondern fordern ihre Fähigkeiten heraus. Und dies zu einem Zeitpunkt, an dem jemand vielleicht gerade aufgrund persönlicher Grenzen aus vielen Lebenszusammenhängen herausfällt.

Wir glauben, dass diese Erfahrung heilsam ist. Arbeit macht nämlich müde. Das hilft, wenn ich Schlafstörungen habe. Wenn ich abends müde ins Bett sinke, weiß ich zudem, was ich getan habe. Durch die Handarbeit ist meist sofort ein Resultat sichtbar. Das macht den Sinn der Arbeit unmittelbar erfahrbar. Weiter kann Arbeit jemanden aus einer gewissen Lethargie holen. Wir verrichten zum Beispiel vorwiegend Handarbeit. Auf den Einsatz von Maschinen verzichten wir, wo sinnvoll. Den Brotteig mit eigenen Händen zu kneten ist eine unschätzbare sinnliche Erfahrung.[14] Mit bloßen Fingern in der Erde zu wühlen lässt mich auf eine ganz andere Art den Boden spüren, der mich trägt. Das sind wichtige Ergänzungen zur Stille und Meditation. Auch dort ist für jene, welche Stille suchen, die Erfahrung möglich, getragen und eingebettet zu sein. Aber gerade in Ohnmachtssituationen kann ich manchmal schlecht stillsitzen. Ich brauche Bewegung, muss etwas tun. Etwas tun, gerade dann, wenn ich das Gefühl habe, dass ich wenig oder nichts ausrichten kann. Trotzdem etwas tun, mit meinen eigenen Händen, und damit einen Unterschied schaffen. Die Welt verändern, wenigstens im Kleinen. Mitgestalten und damit Teil sein der sich ständig erneuernden Schöpfung. Und dadurch meine verschütteten Ressourcen neu entdecken.

Reale Arbeit hat noch einen anderen Aspekt. Durch sie spürt der Gast, dass er in etwas Größeres eingebettet ist. Eine Krise oder Ohnmachtssituation bedeutet nämlich oft, auf sich alleine zurückgeworfen zu sein. Ich fühle mich abgekoppelt vom Rest der Welt. Es existieren nur noch ich und mein Elend. Kommt hinzu, dass vielleicht selbst die mir nahestehenden Menschen meine Not nicht verstehen. Sie wenden sich ab, weil sie überfordert sind. Ich fühle mich in der Ohnmacht nicht mehr verbunden. Das ist mehr als eine physische Einsamkeit. Das ist eine Vereinsamung, welche selbst innerhalb einer an sich gut funktionierenden Familie oder Gemeinschaft stattfinden kann.

Durch die Arbeit in einer Gemeinschaft kann ich mich wieder eingliedern in den großen, ewigen Kreislauf des Universums, und zwar ganz konkret und fassbar. Was jemand heute im Garten pflanzt, davon hat er keinen unmittelbaren Profit. Die Ernte wird erst eingefahren, wenn er seine Koffer gepackt und wieder weitergezogen ist. Umgekehrt aber profitiert er von der Arbeit früherer Gäste. Die Vorratskammer ist voll von eigenem Gemüse, Marmelade und diversen selbstgemachten Konserven, die andere vor ihm gepflanzt, gegossen, gehegt und gepflegt, geerntet, geputzt, verarbeitet und eingekocht haben. Nun steht es einfach so zu seiner Verfügung, ohne weiteres Zutun. Es ist ein Geben und Nehmen, ein Kommen und Gehen, ein Kreislauf, in dem jeder einen Teil ausmacht und niemand alles.

Durch die eigene Arbeit, durch das Gebrauchtwerden kommt das, was der Gast tut, allen zugute. So ist der Gast nicht bloß geduldet und betreut. Durch sein aktives Dasein entsteht ein Miteinander. Es kommt auf den Gast an, aber es geht um mehr als bloß um ihn. Für seinen Beitrag erntet er Dankbarkeit und Wertschätzung. Dabei spielt es eine untergeordnete Rolle, was und wie viel er kann. Die Erfahrung zeigt: Wenn jeder das Seine beiträgt, reicht das Zusammenspiel für alle. Aus dem Beitrag eines jeden Einzelnen entsteht etwas größeres Ganzes. Der eine erntet das Gemüse im Garten, der andere putzt es. Der eine berechnet die Menge, ein anderer kocht es. Einer deckt den Tisch, ein anderer stellt einen Blumenstrauß hinzu. Am Schluss entsteht eine Tafel, an der ein Dutzend Menschen ein leckeres Mittagessen in angenehmer Atmosphäre zu sich nehmen können. Auch jene, welche in der Zwischenzeit die Stühle geflickt oder am Stoff für die neuen Geschirrtücher gewoben haben. So lehrt uns unsere Erfahrung: In Gemeinschaft ergibt eins plus eins mehr als zwei.

Meine Ermutigung in Zeiten der Ohnmacht wäre also, sich Wege zu suchen, um sich als Teil einer Gemeinschaft zu erleben, selbst wenn man alleine lebt. Sich beteiligen und seine Stärken, Interessen und Wünsche einbringen, das kann man auch durch ein Engagement in einem Verein, im Quartiertreffpunkt und an vielen anderen Orten. Freiwilliges Engagement in einer Gemeinschaft erhöht nachweislich das Wohlbefinden. Ähnliches gilt für kreatives Arbeiten und für Arbeiten mit den Händen. Sie lassen uns die verschiedenen Sinne erfahren und ergeben meist ein greifbares Resultat. Das ist höchst befriedigend, gleicht Spannungen aus und entlastet unser Denken, das oftmals um unsere Probleme kreist.[15]

23 – Leiden hin-nehmen

Es gibt Wunden, die niemals heilen und die uns trotzdem Heil erfahren lassen.

Aus den Erfahrungen in Exerzitien

Vieles vom bisher Gesagten entspringt der Praxis des kontemplativen Gebetes. Ein solches Gebet meint, horchend zu schweigen, um die Wirklichkeit so zu sehen und anzunehmen, wie sie ist. Was bedeutet dies im Besonderen in Bezug auf schwierige Lebenssituationen und auf Ohnmacht?

Eine meiner Töchter hat einmal sehr präzise auf den Punkt gebracht, was Stille und Schweigen bedeutet. Damals war sie gerade einmal sechseinhalb Jahre alt. Sie hatte eine Schulfreundin zu Besuch und saß mit ihr zusammen an unserem Esstisch. Ich kündigte ihr an, dass ich gleich ins Gebet unserer Gemeinschaft gehen werde. Damit sie wisse, wo sie mich finde, falls sie mich dringend brauche. Und damit sie wisse, dass sie für die kommende halbe Stunde auf sich alleine gestellt sein würde, wenn nicht gerade ein Notfall eintrete. Für unsere Töchter ist unsere Gebetszeit ein fester Begriff. Hin und wieder kommen sie mit, insbesondere am Samstagabend, wenn sie in der Lichterfeier eine Kerze anzünden dürfen und wir besonders viele Lieder singen. Was sie hingegen – aus verständlichen Gründen in ihrem Alter – nicht so schätzen, ist die lange Stille im Abend- oder Morgengebet unter der Woche. Dementsprechend fragte mich meine Tochter, so wie sie dies hin und wieder tut: „Ist das Gebet mit oder ohne Stille?" Ihre Freundin hörte dies mit und fragte, was „Stille" bedeute. Meine Tochter antwortete, bevor ich mich besann: „Weißt du, da sitzt mein Papa einfach da und tut nichts." Und nach einem Augenblick fügte sie hinzu: „Das heißt: atmen tut er schon!"

Eine treffendere Definition für Kontemplation oder Meditation kann ich mir kaum vorstellen. Alle Meditationsschulen, die ich kenne, lehren genau dies: Stille oder Meditation bedeutet, da zu sein, still zu sein und sich zum Beispiel mit

Hilfe des Atems von allen Gefühlen, Gedanken und Körperregungen zu lösen. Nichts tun und atmen. Oder wie ich es einmal auf einem Cartoon gesehen habe: Ein Mann mit langem Bart und Turban im Lotussitz sagt: „Meditieren ist immer noch besser, als bloß dazusitzen und nichts zu tun."

Der Jesuit Franz Jalics präzisiert dieses „nichts tun" in seiner grundlegenden und umfangreichen Einführung zum kontemplativen Gebet. Dabei benennt er unter anderem die Bereitschaft zum Leiden.[16] Das ist für mich immer wieder eine Herausforderung. Heißt Kontemplation Leiden? Ich glaube, dass ich diesen Punkt jahrelang fatal missverstanden habe, und fürchte, dass dieses Missverständnis in vielen Personen und Gemeinschaften noch immer unheilvoll weiterlebt. Dieses Missverständnis könnte uns dazu verleiten, das Leiden nicht nur gutzuheißen, sondern sogar zu suchen. Gott bewahre! Darum eines vorneweg: Leiden ist nicht erstrebenswert. Unter keinen Umständen. Unser erster Auftrag als Christinnen heißt: Leiden verhindern. Und der zweite Auftrag lautet: Leiden lindern. Diese beiden Aufträge gelten meines Erachtens immer, soweit dies in unseren Möglichkeiten liegt.

Aber wenn wir mit klarem und realistischem Blick in die Welt schauen, müssen wir erkennen, dass wir trotz all unseres Bemühens nicht alles Leiden verhindern oder lindern können. Es gibt so vieles, das sich unserem Einfluss entzieht. Es bleibt immer Ohnmacht zurück. Wenn auch mein Bemühen noch so groß und noch so gut ist, kann ich nicht alles Leiden aus der Welt schaffen. An irgendetwas werde ich immer leiden, und sei es nur an der Ohnmacht, das Leiden nicht verhindern zu können. Früher oder später meldet sich dieser Rest des Leidens in der Stille. Denn wenn ich aufhöre, so zu tun, als hätte ich die Welt im Griff und wäre Herr der Lage, kann sich das Dunkle, das Unerlöste, das Schlummernde zeigen. Um diesen letzten Rest des Leidens, der sich nie ganz aus der Welt schaffen lässt, geht es an dieser Stelle. Wie soll ich damit umgehen?

Die kontemplative Haltung sagt dazu: annehmen. Und annehmen wiederum bedeutet, nicht zu werten. Denn wir werten normalerweise ständig und sofort. Es gelingt uns kaum, ein Ding, eine Person oder eine Situation nicht automatisch zu werten. Werten bedeutet im Konkreten meist: abwerten. Wie schnell sind wir doch im Kritisieren im Blick nach außen auf unsere Welt und die anderen. Möglicherweise geschieht dies aus dem Schmerz heraus, dass wir mit uns selber nicht ganz im Reinen sind. Wir leiden darunter, dass wir uns selber nicht leiden können. Es fällt uns schwer, uns selber so anzunehmen und so zu lieben, wie wir sind. Genauso wie es uns schwerfällt, uns so lieben zu lassen, wie wir sind – ich habe das weiter oben erläutert. Also teilen wir die Welt in Gut und Böse, in Schwarz und Weiß, in Richtig und Falsch. Unser Leiden, das also, was uns schmerzt, werten wir logischerweise ab. Wir möchten es loshaben, umgehen, übertünchen, uns ablenken davon, den Schmerz bekämpfen. Eine kontemplative Haltung nun ist die Einladung, genau dies nicht zu tun, sondern auch das Leiden und den Schmerz anzunehmen.

Wie bitte?, sagt mir hier ein weiterer Einwand. Ich soll Leiden nicht werten? Heißt das etwa, dass ich Leiden gutheißen soll? Nein, das heißt es nicht. Dieser Umkehrschluss ist falsch. Etwas nicht zu werten bedeutet nicht dasselbe wie etwas gutzuheißen. Das ist ein häufiges und fatales Missverständnis. Oft genug wird mit einer solchen Theologie bis heute Schindluder getrieben und werden Personen dazu gedrängt, ihr Leiden nicht nur klaglos hinzunehmen, sondern Leiden geradezu zu suchen. Ich halte nichts von Selbstkasteiung. Ich halte auch nichts davon, Leiden gutzuheißen oder zu verklären. Nur: Ob ich etwas gutheiße oder ob ich es gut sein lasse, das ist ein Unterschied. Gutheißen bedeutet, dass ich etwas aktiv bejahe. Leiden kann ich nicht bejahen. Ich glaube, dass auch Gott will, dass wir nicht leiden. Leiden gut sein lassen hingegen bedeutet, dass ich erst einmal annehme, was unabänderlich ist. Denn nur dass ich es nicht ändern kann, bedeutet nicht, dass es sich nicht wandeln wird. Damit wären wir wiederum beim theologischen Passiv, das wir bereits kennengelernt haben. Gott wird mein Leiden wandeln, davon bin ich im Tiefsten überzeugt. Darin liegt die wahre Heilung, nicht in meinem Tun.

Leiden annehmen heißt also, Leiden nicht zu werten. Wie soll das denn gehen? Leiden ist doch per se nicht gut. Aber Leiden ist nun mal einfach eine Wirklichkeit. Mein Leiden ist da, es existiert. Es hilft nichts, mich dagegen aufzulehnen oder mich daran aufzureiben. Es hilft nichts, die Schuld dafür auf andere zu schieben, auch nicht auf Gott. Ja, es hilft überhaupt nicht, nach irgendeiner Schuld zu suchen.[17] Leiden ist keine Frage von Schuld. Leiden ist etwas Unverständliches. Meine einzige Aufgabe ist es, Leiden dort anzunehmen und als Wirklichkeit anzuerkennen, wo ich es weder lindern noch verhindern kann – und nicht auszuschließen, dass Gott auch darin gegenwärtig ist.

Sprachlich würde ich das gerne noch etwas präzisieren. Viele sprechen im Zusammenhang mit Stille, Kontemplation oder Meditation (was im Grunde alles dasselbe meint) vom Annehmen der Wirklichkeit. In Bezug auf Leiden halte ich das für einen schwierigen Begriff. Annehmen legt eine Bewegung nahe von einem Gegenüber zu mir selber. So wie ich ein Geschenk annehme, das bedeutet: entgegennehme. Leiden ist aber in erster Linie kein Geschenk, sondern eine Zumutung. Wenn ich Leiden annehmen will, so besteht die Gefahr eines weiteren Missverständnisses, nämlich dass Gott mir mein Leiden „schenkt", unter Umständen sogar, weil ich es verdient hätte. Und schon sind wir wieder bei dunklen religiösen Kreisen, die das Leiden verherrlichen und anderen aufzwingen.

Darum gefällt mir der Begriff „Hinnehmen" besser. Denn die Vorsilbe „hin-" bedeutet eine Bewegung von mir weg. So wie ich etwas hinlege oder hingebe. Ich meine, dass dies die richtige Haltung in der Kontemplation ist. Wenn ich die Wirklichkeit hin-nehme, wie sie ist, auch mit dem Dunklen und dem Leiden, das Teil der Wirklichkeit ist, so ist das vergleichbar mit einer feinen inneren Bewegung zu Gott hin, wie wenn ich ihr mein Leben hin-lege mit allem, was mich und mein Leben ausmacht. Daher gefällt mir die Gestaltung der Mitte in vielen Meditationsräumen: Oft steht dort eine große, leere Schale. Sie nimmt alles auf, was ich gedanklich oder emotional in sie hin-ein-lege.

Annehmen fördert in meinem sprachlichen Empfinden das Missverständnis, dass ich etwas tragen muss, was mir aufgebürdet wird. Hinnehmen ist sprachlich dem Hingeben so nahe, dass es die innere Bewegung stärkt, die Wirklichkeit so zu sehen, wie sie ist, und diese Sicht Gott hinzulegen. Das bedeutet, meine Wirklichkeit mit Gott zu teilen und darin Gottes Gegenwart zu erkennen. Dadurch drücke ich meine Haltung aus, dass ich mich mit allem, was mich ausmacht, also auch mit dem Rest Leiden, den ich nicht ändern kann, nach Gott ausrichte. Ihr halte ich mein Leiden hin. Ich nehme Leiden oft wahr als etwas, das mich ganz umgibt, als sei ich mitten in ihm, und zugleich als etwas, das ganz in mir ist. Existenzielles Leiden erfüllt mich ganz, außen wie innen. Deswegen ist es ja so bedrohlich, weil es den Anschein macht, als hätte neben meinem existenziellen Leiden nichts anderes Platz. Als seien ich und das Leiden ein- und dasselbe. Aber indem gerade tiefes, existenzielles Leiden mich ganz umgibt und mich ganz erfüllt, hat es etwas mit Gott gemeinsam: Auch Gott umgibt mich und erfüllt mich ganz, beides zugleich. Gott etwas hinzuhalten bedeutet also, etwas ganz in der Gegenwart da sein zu lassen und mitten in die Beziehung zu stellen zwischen Gott und mir.

Damit wird gerade dadurch, dass ich das Leiden hinnehme, eine Form der Existenz Gottes erfahrbar. Vorerst bringt uns das Leiden mit der schwierigsten Frage der Theologie in Berührung: Warum lässt Gott das Leiden zu? Diese Frage können wir mit unserem Denken nicht beantworten. Aber diese Erkenntnis hilft nicht viel, denn die Frage drängt sich trotzdem immer wieder auf. Und mit ihr eine ganze Reihe von Zerrbildern über Gott: Will Gott das Leiden? Oder lässt sie es einfach zu? Mutet uns Gott das Leiden zu? Vielleicht weil sie uns damit prüfen, läutern oder sogar bestrafen will? Ich kann mir Gott nicht als eine vorstellen, die das Leiden in Kauf nimmt. Auch nicht als eine, in deren Augen wir das

Leiden verdient hätten. All diese Gottesbilder greifen mir zu kurz. Sie zeichnen ein allzu menschliches Bild von Gott, ja sogar von einer, die noch kleiner ist als wir Menschen. Denn sogar wir Menschen, der allergrößte Teil davon, ist in der Lage, seine Nächsten bedingungslos zu lieben. Wir kennen Mitleid; wir leiden oft genug mit unseren Nächsten mit. Gerade darum wollen wir Leiden ja mit allen möglichen – und eben auch unmöglichen – Mitteln aus der Welt schaffen.

Denken wir Gott aber nicht kleiner, als sie ist. Das Einzige, das wir meines Erachtens gültig über Gott und das Leiden sagen können, ist: Gott ist auch im Leiden gegenwärtig. In dem Moment, wo ich leide, sind Gott, das Leiden und ich eins, so wie Gott in mir ist und ich in Gott bin. Somit bin ich mehr als bloß das Leiden, das mich scheinbar ganz umgibt und erfüllt. Gott ist da, auch wenn ich sie nicht wahrnehmen kann. Indem ich ihr mein Leiden hinhalte, indem ich mit ihr durch mein Leiden hindurchgehe, kann sich Leiden wandeln. Und indem es sich wandelt, kann es mir vielleicht sogar – im Nachhinein betrachtet – zum Segen werden.

24 – Die Lösung nicht wissen wollen

komm und sieh

ein blick
und du gehörst
nicht mehr dir selber

von nun an empfängst du dich
aus angeschaut werden
augenblick um augenblick

das herz an ihn geschmiegt
lockt der staub der straße
mehr als das dach überm kopf

denn in seinen spuren
reichen deine schritte
über jeden gesichtskreis hinaus

und brennender als feuer
wirst du
in seiner nähe

Andreas Knapp[18]

Oftmals richten wir uns viel zu sehr so ein, als seien Dinge, Beziehungen oder Umstände dauerhaft. Das sind sie aber nicht. Das Leben ist ein Provisorium. Wir sollten wieder lernen, es auch als solches zu leben.

Ohnmacht erfahren wir ja gerade dann, wenn sich etwas verändert. Das kann plötzlich geschehen, wenn uns ein sogenannter Schicksalsschlag ereilt. Das kann aber auch schleichend und für lange Zeit unbemerkt geschehen. Ein gutes Anschauungsbeispiel für solch schleichende Prozesse, die zu großer Ohnmacht führen, liefert meines Erachtens derzeit die Kirche. Bisher haben wir Ohnmacht als einen Aspekt betrachtet, der einzelne Personen betrifft. Ohnmacht betrifft aber auch Gruppen, Gemeinschaften und Institutionen. Ich erlaube mir also an dieser Stelle einen Blick auf die gegenwärtige Situation der Kirche.[19]

Die Kirche steckt in einer großen Krise. Es ist möglicherweise die größte Krise seit vielen hundert Jahren. Die Symptome dieser Krise sind deutlich und seit langem sichtbar. Die Kirche hat ihren Status verloren. Sie ist nicht mehr „systemrelevant". Für die Gesellschaft, das heißt für die große Mehrheit der Bevölkerung, ist die Kirche bedeutungslos geworden.

Zwar gibt es innerhalb der Kirche nach wie vor viele Menschen, welche wach sind für die lebenswichtigen Themen unserer Zeit. Ich denke etwa an den kirchlichen Einsatz für soziale Gerechtigkeit, ökologische Wende oder die Integration von Menschen, welche durch Politik und Wirtschaft systematisch an den Rand der Gesellschaft gedrängt werden. Die Kirche stellt nach wie vor Räume und Personal zur Verfügung, damit sich Menschen treffen und austauschen können. Ich denke dabei etwa an Jugendarbeit, Engagements für Geflüchtete und Vertriebene, die Frauenbewegung oder Männerbüros, Eine-Welt-Läden und vieles mehr. Die Kirche hütet ungebrochen das Bedürfnis der Menschen, das Leben mit all seinen Facetten zu hinterfragen, Übergänge zu gestalten und zu feiern. Dabei denke ich an unsere Sakramente und an vielfältige Formen von Gottesdiensten und Ritualen: Hochzeiten, Taufen und Beerdigungen. Die Kirche ist da, wenn Menschen Begleitung suchen und Fragen nach dem Woher und Warum aufwerfen. Sie organisiert die Seelsorge nicht nur in den Pfarreien, sondern auch in unzähligen Altersheimen, Krankenhäusern, Gefängnissen und anderen Institutionen, wo Menschen mit großer Einsamkeit, Krankheit und Krisen konfrontiert sind. Die Kirche hält die Frage nach Gott wach. Ohne die Kirche gäbe es an vielen Schulen keinen Religionsunterricht mehr und viele Kinder würden kaum mehr ausdrücklich mit dieser Frage konfrontiert. Nicht zu vergessen sind auch die unzähligen Klöster und Ordensgemeinschaften, welche durch ihr Modell des Zusammenlebens und des Verzichts ein wichtiger Stachel sind im Fleisch einer Gesellschaft, welche übermäßig stark auf materiellen

Wohlstand und Individualismus ausgerichtet ist. Damit will ich sagen, dass ich glaube, dass die Kirche durchaus einen Beitrag zu leisten hätte, auf den unsere Gesellschaft nicht so ohne weiteres verzichten kann.

Dieser Blick auf das, was die Kirche noch leistet, ist aber auch verhängnisvoll. Er kann leicht zu einer Schönfärberei verkommen und uns dazu verleiten, die gegenwärtige dramatische Krise der Kirche zu ignorieren. Denn ein nüchterner Blick auf die Wirklichkeit offenbart: Engagierte Menschen, welche heute etwas in der Gesellschaft verändern wollen, stehen in aller Regel der Kirche fern. Das gilt insbesondere für Menschen, welche jünger sind als ich. Papst Franziskus hat richtig erkannt, wenn er in den sozialen Bewegungen, welche gegen prekäre Verhältnisse kämpfen, die neuen, natürlichen Verbündeten der Kirche sieht.[20] Wer persönlich in eine Krise gerät, wer nach Sinn und Orientierung sucht, wer in die Tiefe graben will, wer ein Verständnis hat für die Notwendigkeit von Ökologie und sozialem Ausgleich, sucht Gleichgesinnte nicht mehr in erster Linie innerhalb der Kirche. Umgekehrt kümmert es die meisten Menschen kaum mehr, was in den Kirchen getan oder nicht getan wird, was kirchliche Repräsentanten sagen oder nicht sagen. Die Kirche hat wortwörtlich nichts mehr zu sagen. Sie prägt höchstens noch durch die Architektur und die Kirchtürme den öffentlichen Raum. Inhaltlich ist die Kirche für die allermeisten Menschen bedeutungslos geworden.

Das ist nicht erst seit kurzem so. Als ich selber noch Ministrant war, war ich in der krassen Minderheit unter meinen Gleichaltrigen. Diejenigen, welchen das kirchliche Leben in Jugendgruppe oder Gottesdienst ein echtes Bedürfnis war, waren an einer Hand abzuzählen. Schon die Eltern meiner Schulfreunde waren zumeist der Kirche entfremdet. Auch diesbezüglich war ich durch meine noch mehr oder weniger klassische, römisch-katholisch religiöse Sozialisierung eine Ausnahme. Bei uns zu Hause gehörten Glaubensthemen zum Alltag und die Kirche respektive die Pfarrei war ein wichtiger Ort der Zugehörigkeit und der Vernetzung. Aber mit dieser

Erfahrung war ich unter Gleichaltrigen eine Ausnahme. Und das ist mittlerweile bereits vierzig Jahre her. In der Zwischenzeit ist eine weitere ganze Generation erwachsen geworden, bei der sich dieser Trend noch einmal markant verstärkt hat. Um das noch einmal zu veranschaulichen: Die Spielkameraden unserer Kinder haben von der Kirche kaum je etwas mitbekommen, weil sich schon deren Großeltern oder bisweilen sogar bereits die Urgroßeltern von der Kirche abgewendet haben. Da sind ganze Familienstammbäume frei von jeglichem kirchlichen Bezug im Alltag. Der gelegentliche Besuch eines Gottesdienstes an Weihnachten, bei einer Hochzeit oder anlässlich einer Taufe bestätigt als Ausnahme diese Beobachtung.

Diese Entwicklung muss übrigens nicht negativ sein. Ich erinnere mich an eine Begegnung als Student mit Eva Südbeck-Baur, der damaligen Co-Leiterin der offenen Kirche Elisabethen in Basel. Basel war und ist eine Art Vorreiterin der sogenannten Säkularisierung in der Schweiz. Gesamtschweizerische religiöse Trends wie die Entkirchlichung des öffentlichen Lebens haben sich in der Stadt Basel schon früh abgezeichnet. So kam es wohl auch nicht von ungefähr, dass 1994 mit der offenen Kirche Elisabethen die erste Citykirche der Schweiz in Basel eröffnet wurde. Die damalige Co-Leiterin berichtete uns schon vor einem Vierteljahrhundert, dass der Anteil der „kirchlich Traumatisierten“ unter den Besuchern der Citykirche abnehme. Damit meinte sie Menschen, die sich aufgrund konkreter negativer Erfahrungen mit der Kirche oder mit Priestern und anderen kirchlichen Repräsentanten von der Institution abgewendet haben. Umgekehrt nehme der Anteil derjenigen zu, welche keine Erfahrung mit der Kirche mehr gemacht haben – und also auch keine negative. Das empfand sie als Chance, religiöse Themen neu zu lancieren, weil man sich nicht erst gegen Missbrauch, Übergriffe, Ignoranz, Klerikalismus, Homophobie, Frauenfeindlichkeit, sexuelle Zwänge, Körperfeindlichkeit und dergleichen mehr abgrenzen muss, durch die sich die Kirche in den vergangenen Generationen profiliert hat.
Mittlerweile kann ich diese Beobachtung aus meiner eigenen Erfahrung auf dem Sonnenhügel bestätigen. Noch vor zwanzig Jahren, als

ich hier Zivi war, gab es Gäste, welche beim Besuch unseres Hauses leer geschluckt haben oder im Extremfall sogar Hals über Kopf wieder abgereist sind. Denn wir bewohnen unübersehbar ein Kloster. Innerhalb der dicken Steinmauern riecht es auch nach Kloster. Mindestens architektonisch versprühen wir eine recht traditionelle kirchliche Atmosphäre. Vor zwei Jahrzehnten war das für manche ein Fluchtgrund, weil sie mit der Kirche gebrochen hatten. Hinter diesem Bruch standen sehr konkrete Erfahrungen mit kirchlichen Repräsentanten und der Art und Weise, wie diese mit dem Suchenden in der Krise umgegangen waren, oder die schlichte Tatsache, dass der Gast eine Lebensentscheidung getroffen hatte, welche von der Kirche als Institution moralisch abgeurteilt wurde – und leider Gottes oft auch heute immer noch wird.
Mittlerweile bringen die allermeisten Gäste, die zu uns kommen, höchstens noch am Rande kirchliche Erfahrungen mit. Für sie ist das Übernachten im Kloster nicht mehr abstoßend, sondern attraktiv. Wir haben äußerst ästhetische Räume, Gänge, Winkel und Ausblicke zu bieten. Die Kombination des Altehrwürdigen mit einem modernen, zeitgemäßen Erweiterungsbau etwa, aber auch die Art und Weise, wie wir die klösterliche Tradition neu zu interpretieren versuchen, empfinden viele Gäste als besonderen Charme. Manche kirchlich geprägten Orte entwickeln sich zu neuen Kompetenzzentren für spirituelle Fragen und werden mehr und mehr auch als solche wahrgenommen.

Nichtsdestotrotz ist es eine unabweisbare Tatsache, dass die Kirche massiv an Bedeutung verloren hat. Die Folgen dieser Entwicklung zeichnen sich immer schneller ab. Zuerst sind die Menschen den Kirchen und ihren Angeboten ferngeblieben. Mittlerweile fehlt auch das notwendige Personal, um die Angebote in der bisherigen Form überhaupt aufrechtzuerhalten. Das war seit langem zu erwarten: Wo sich Menschen mit der Kirche und ihren Werten nicht mehr identifizieren können, kommen sie auch nicht mehr auf die Idee, sich dafür zu engagieren, geschweige denn, einen kirchlichen Dienst zu übernehmen. In absehbarer Zeit werden den Kirchen nicht bloß die Menschen und das Personal ausgehen, sondern auch das Geld. Das System der Kirchensteuern, welche vom Staat eingezogen werden, ist zumindest in der Schweiz politisch unter Druck geraten und wird sich nicht auf ewig aufrechterhalten lassen. Spätestens wenn die Kirchensteuereinnahmen wegbrechen, bricht auch unsere jetzt bekannte Form von Kirche endgültig zusammen, weil dann die bisherige Struktur und Infrastruktur auch in Ansätzen nicht mehr zu finanzieren sein wird.

Interessant ist nun zu betrachten, wie die Kirche auf diese fundamentale Krise und die damit verbundene Ohnmacht reagiert. Wenn ich dabei von der Kirche schreibe, meine ich nicht bloß die einzelnen Mitglieder der Kirche, welche zwar die Kirche ausmachen, sondern ich habe ausdrücklich auch Gremien im Blick, welche neben dem Standpunkt ihrer Mitglieder ja immer auch eine gewisse Eigendynamik besitzen. Ich kann an dieser Stelle die Reaktionsmuster nicht abschließend analysieren. Ein paar Tendenzen fallen mir trotzdem auf.

Die Schönfärberei habe ich schon erwähnt. Man legt den Fokus einfach auf das, was die Kirche noch ist und tut, wobei man das „noch“ dabei geflissentlich übergeht oder kleinredet. Man redet sich einfach ein, dass die Schlacht noch nicht ganz verloren sei und jederzeit eine Trendwende einsetzen könnte. Ein nüchterner Blick auf die Altersstruktur der kirchlich Engagierten straft diese Sichtweise Lügen.

Eng verwandt mit der Schönfärberei ist die Ignoranz. Man nimmt schlicht nicht zur Kenntnis, was da draußen vor sich geht, sondern verrichtet täglich seine Pflicht und bemerkt nicht, wie alles immer leerer und leerer wird. Was nicht sein darf, ist auch nicht – was ich nicht betrachte, existiert nicht; so ungefähr lautet dann das Motto.

Der Ignoranz ähnlich ist schließlich eine dritte Reaktion: der offene Widerspruch. Es sei alles gar nicht wahr, redet man sich ein. Die Symptome der Krise würden nur herbeigeredet mit der Absicht, die Kirche schlechtzumachen. Um diesen Standpunkt aufrechterhalten zu können, macht man diejenigen schlecht, welche die Symptome benennen. Man spricht ihnen die gute Absicht ab und dichtet ihnen allerhand böse, kirchenfeindliche Eigenschaften an.

Ein viertes, weitverbreitetes Verarbeitungsmuster ist schließlich die Auseinandersetzung mit sich selbst. Man verwaltet den Mangel und das Schwinden, indem man neue Pläne und Konzepte entwirft, evaluiert und in Kraft setzt, die dann nach nur kurzer Zeit bereits wieder reevaluiert und überarbeitet werden müssen, weil sie von der Entwicklung der Zeit längst überrollt worden sind. Indem man bloß noch mit sich selbst und den eigenen Institutionen beschäftigt ist, verliert man, wenn auch oft unbemerkt und unbeabsichtigt, den Blick für die Wirklichkeit außerhalb des eigenen Dunstkreises und bewegt sich mehr und mehr nur noch innerhalb der eigenen Blase mit seinesgleichen.

Schönreden, Ignoranz, Widerspruch und die Beschäftigung mit sich selbst – all diesen Reaktionsweisen gemeinsam ist, dass sie mit Macht zu tun haben. Sie erliegen der Versuchung, das Problem der Ohnmacht über die Abkürzung der Macht lösen zu wollen. Mit aller Kraft versuchen wir, so zu tun, als ob wir als Institution nach wie vor die Fäden in der Hand hätten. Äußerlich ist die Macht der Kirche aber bereits gebrochen. Sie hat keinen Einfluss mehr, sondern ist zu einer Randerscheinung geworden und wird das in naher Zukunft noch viel stärker werden. Können wir glauben, dass Gott auch in diesem Sterben der Kirche gegenwärtig ist? Falls wir diese Frage mit Ja beantworten: Warum versuchen wir denn, das Problem schönzureden, zu ignorieren, den offensichtlichen Tatsachen zu widersprechen oder warum beschäftigen wir uns so sehr mit unseren überholten Konzepten und Strukturen?

Ich verstehe, dass uns diese Krise jammern und verzweifeln lässt. Etwas, das uns heilig ist, geht den Bach hinunter, wird kritisiert und stirbt. Das ist nicht lustig. Aber Macht hilft in diesem Fall nichts. Im Gegenteil: Sie verhindert, dass wir das, was stirbt, wenigstens betrauern können.

Trauer wäre ein Schlüssel in diesem Fall. Trauer bringt etwas zum Fließen und macht weich. Trauer befähigt uns, etwas loszulassen, ohne bereits das Neue zu kennen, das danach kommt. Indem wir trauern, bis wir selbst leer werden, können „eine würdevolle Ruhe, ein weiter Raum und Luft zum Atmen entstehen."[21] In der Trauer erst können wir erkennen, was uns wirklich fehlt von dem, was vorübergegangen ist. Ohne Trauer fehlt der Leerraum, in welchem von selbst etwas Neues wachsen kann.

Ein wesentlicher Punkt im kirchlichen Aktivismus – und dies gilt sinngemäß eben auch für uns Individuen und andere Gemeinschaften und Institutionen – besteht darin, dass wir oft meinen, eine Lösung finden zu müssen. Wir reagieren auf eine Krise, indem wir glauben, wissen zu müssen, wie es denn in Zukunft sein könnte. Wir erarbeiten Konzepte und Strukturen, um damit etwas hinüberzuretten, das eigentlich bereits vorüber ist. Auch ich selber bin selbstverständlich nicht davor gefeit. Ich erinnere mich gut und gerne an meinen Übermut als Mittzwanziger, als ich glaubte, ein klösterliches Konzept wie dasjenige des Sonnenhügels sei die Rettung nicht nur für die vielen kleiner werdenden Klostergemeinschaften, sondern für die Kirche überhaupt. Heute sehe ich das nüchterner. Keiner der vielen Neuaufbrüche, die es gibt, wird die alleinige Rettung für die Kirche sein, auch unsere Gemeinschaft nicht. Kein neues Pastoralkonzept, kein Entwicklungsplan, kein Zukunftspapier, für das wir oft so viel Energie investieren, wird die Zeit überdauern. Wir sollten nicht so tun, als ob wir die Lösung für die Zukunft erarbeiten könnten. Dann müssten wir auch nicht mehr länger darüber streiten, welche Strategie denn die richtige und welche falsch sei. Das Einzige, das wir erkennen können, ist, dass es nie mehr so sein wird wie bisher und dass das Verlorene nicht mehr zurückkehrt.

Damit wären wir wieder am Ausgangspunkt gelandet. Das Leben ist ein dauerndes Provisorium. Das Leben ist eine Abfolge von Werden und Vergehen. Das gilt für jedes Individuum als Ganzes, das einmal geboren und einst sterben wird. Dazwischen erfolgt eine große Wellenbewegung: Der Mensch wächst heran, lernt Neues, wird erwachsen, überschreitet irgendwann die Lebensmitte und muss alles, was er aufgebaut hat, wieder loslassen. Innerhalb dieser einen großen Welle gibt es unzählige kleine Wellenbewegungen. Das Leben ist eine Abfolge von Geschenken und kleinen (und großen) Abschieden.

Nichts bringt dies für mich so passend zum Ausdruck wie das Kommen und Gehen des Atems. Als Neugeborene machen wir unseren ersten Atemzug. Dadurch werden wir angehaucht und erfüllt durch den Atem Gottes. Irgendwann werden wir unser Leben aushauchen. Wir lassen unseren letzten Atemzug wieder einfließen in das Große und Ganze der uns umgebenden Atmosphäre und des Universums und legen so unser Leben zurück in die Hände Gottes, von wo wir es empfangen haben. Dazwischen ist eine einzige, lückenlose Kette von Einatmen und Ausatmen. Sie gleicht einer Perlenkette von Empfangen und Loslassen. Kein Mensch kann immer nur einatmen – wir würden gleichsam am Atem Gottes ersticken. Wer nicht ausatmet, kann nicht neu vom Geist erfüllt werden.

Doch warum fällt es uns oft so schwer, das Sterben anzunehmen, das Sterben im Kleinen oftmals noch mehr als das große, endgültige Sterben? Weil wir so tun, als ob das Leben ein ständiges Werden sei. Eine ständige Weiterentwicklung. Wachstum ist der Irrglaube dahinter. Alles muss immer mehr, schneller, besser, perfekter werden. Aber das ist nicht möglich. Leben bedeutet auch loszulassen, Dinge zu verpassen, nicht überall dabei sein zu können, nicht alles aus eigener Kraft stemmen zu können, zu akzeptieren, dass mir manch Geliebtes und viele geliebte Menschen genommen werden. Verlust und Veränderung gehören zum Leben dazu. Wir müssen lernen, die Veränderung selbst liebzuhaben.

Wie viel Energie und Ressourcen stecken wir in den Versuch, uns gegen alles Mögliche und Unmögliche abzusichern! Die Versicherungsindustrie lebt wesentlich von unserer Angst, dass uns etwas zustoßen könnte, dessen Konsequenzen wir nicht tragen können. In vielen Fällen ist eine solche Absicherung durchaus sinnvoll; in manchen Fällen aber nicht.

Bei aller Absicherung müssen wir uns bewusst sein, dass es keine letzte Sicherheit gibt, auch wenn wir eine solche gerne hätten. Aus spiritueller Sicht müsste ich sogar sagen: Es gibt gar keine Sicherheit. Das Einzige, was feststeht, ist der Wandel. Werden und Vergehen. Ein- und Ausatmen. Erfüllt werden und Sterben.

So empfinde ich Lebensentwürfe als große Befreiung, welche solchen Scheinsicherheiten radikal entsagen. Die Lebensgeschichten von Franz und Klara aus Assisi sind solche Lebensentwürfe. Klara hat die Sicherheit ihres adeligen Wohnturmes verlassen und die Unsicherheit eines Lebens als Frau vor den Stadttoren gesucht. Sie hat dies als Befreiung erlebt. Ich habe weiter oben bereits ausführlicher auf sie Bezug genommen. Aus der Sicherheit heraus näher an den Puls des Lebens – so erscheint mir Klaras Wechsel. Entsprechend lese ich die Lebensgeschichte des ebenfalls freiwillig armen Bruders Franz. Auch er hat das feudale Korsett des materiellen Reichtums abgestreift und ein Leben auf der Straße gewählt ohne jegliche Absicherung. Bildhaft geschildert wird dies etwa im Bruch, den Franziskus mit seiner Ursprungsfamilie vollzog, indem er dem Vater alle seine Kleider zurückgab, „um nackt dem Herrn entgegen [zu] gehen“[22]. Der Staub der Straße hat beide mehr gelockt als das Dach über dem Kopf. Es war ein Leben im Provisorium, ohne feste Behausung, ohne zu wissen, was am Abend auf dem Tisch stehen würde. Der Lohn dafür war die Freiheit, auf die Notwendigkeiten und Bedürfnisse des Lebens eingehen zu können.

Dieses Lebensprinzip wünsche ich mir für mich, aber ebenso auch für jegliche Körperschaften und Institutionen – auch für die Kirche. Dass wir mit Vertrauen die Veränderungen selbst liebgewinnen können. Ich glaube, dass dies geschieht, indem wir auf Sicherheiten und Lösungen verzichten.

Ich bin tief beeindruckt von einigen Ordensleuten, die mir im persönlichen Gespräch offen bekennen, dass ihre Gemeinschaft die nächsten zwanzig Jahre nicht überleben wird. Das gilt mehr oder weniger für die meisten Klöster in unseren

Breitengraden. Das Ordensleben in der bisherigen Form, wie wir es kennen, wird aussterben. Neben vielen Schwestern und Brüdern, welche mit dieser Tatsache hadern, kenne ich welche, die mit diesem Umstand sehr versöhnt zu sein scheinen. Sinngemäß sagen sie: Unsere Form des Klosterlebens stirbt. Natürlich schmerzt es, wenn wir Häuser aufgeben und verkaufen und uns aus Werken und von Aufgaben zurückziehen müssen, weil wir sie nicht mehr zu erfüllen vermögen. Natürlich müssen wir unsere Strukturen entsprechend anpassen und dafür auch neue Konzepte und Visionen entwickeln. Natürlich ist das auch eine Auseinandersetzung mit uns selbst, unserer Geschichte und unserem Charisma. Nur eines müssen wir nicht: Wir müssen keine Lösung erarbeiten. Wir müssen die Lösung nicht wissen. Wir wissen nicht, was kommt, und wir müssen das auch gar noch nicht wissen. Es genügt, dass wir jetzt unsere Berufung leben. Was danach kommt, wird sich zeigen. Jetzt genügt.

Diese Haltung macht mir Mut.

25 – Die letzte aller Fragen zulassen

Wähne dich nie auf der sicheren Seite. Es gibt sie nicht.
Solange ich glaube, dass es diese Sicherheit gibt, mache ich
mir etwas vor.

Für mich heißt das auch, auf Abstand zu gehen zu dem
ganzen Gottgerede und Jesusgerede. Ein Reden, bei dem
der, der redet, angeblich weiß, was Gott, was Jesus, will.

Dieses Vereinnahmen von Gott. Das ist mir zuwider.
Daran möchte ich mich nicht beteiligen.

Ich möchte lieber schweigen über Gott. Das scheint mir die
einzige legitime Form des Sprechens über Gott zu sein.
Der unsagbar ist und unsagbar bleibt.
Von dem ich mich mit jedem Wort über ihn immer mehr
entferne, im Schweigen dagegen nahe bin.

Also schweige ich.

Wunibald Müller[23]

Darf die letzte aller denkbaren Fragen sein, kann ich die Frage aushalten, ob es Gott gibt? Und somit den Gedanken zulassen, dass es Gott vielleicht nicht gibt? Halte ich diese Frage aus?

Ich sitze im hintersten Winkel eines weit verzweigten Schweizer Tales vor einem kleinen Steinhäuschen. Es ist Vorfrühling. Der Buchenwald, der fast das ganze Tal bedeckt, ist noch ohne Laub und nackt. Ein paar vereinzelte Tannengruppen stechen heraus mit ihrem Grün. Oben auf den Kuppen und auf meiner Hangseite, wo seit ein paar Wochen und nach einem langen Winter wieder die Sonne hinkommt, ist der Schnee geschmolzen. Dort liegt das Laub des letzten Jahres nass zwischen den Bäumen. Es dominiert die Farbe Braun. An den Schattenhängen gegenüber liegt noch Schnee, ziemlich viel sogar. Ich brauchte Wanderstöcke, um sicher über und durch den Schnee zu kommen, als ich vor ein paar Tagen hier ankam. Dieser Ort ist nur zu Fuß über einen steilen, schmalen Wanderweg erreichbar. Ich bin in Terra Vecchia.[24]

Dieser Weiler in einem der hundert Seitentäler des Centovalli im Tessin war über Jahrhunderte verlassen und zerfallen. Seit einigen Jahrzehnten ist eine Stiftung dabei, ihn wiederaufzubauen. Ihren Anfang nahm der Wiederaufbau bei der Kirche. Sie stand damals, vor über 40 Jahren, schutzlos und halb zerfallen mitten im Wald. Heute prägt sie das Ensemble mit ihrem Turm aus Trockensteinmauern. Der Wald um sie herum ist so weit zurückgedrängt, dass eine Lichtung entstanden ist. Geblieben sind die uralten Kastanienbäume, die schon damals die Menschen mit Nahrung versorgt haben, die ursprünglich hier lebten. Diese Kirche ist überaus schlicht. Es gibt kaum eine Innenausstattung. Gegenüber vom kleinen Steinaltar steht mein Meditationsschemel auf einem kleinen Teppich auf dem nackten Steinboden. Daneben zwei Wolldecken. Es ist kalt und ungeheizt in der Kirche. Trotzdem ist das mein Ort zum Beten und Meditieren. Seit über zwanzig Jahren verbringe ich regelmäßig Zeit an diesem Ort. Ursprünglich haben mich sogenannte ora-et-labora-Wochen in Gruppen hierhergeführt. Mittlerweile schätze ich den Ort als Oase des Rückzugs und des Alleinseins als Kontrast zu meinem Leben im Kloster zusammen mit meiner Familie und immer wechselnden Gästen. Jeweils im frühen Frühjahr verbringe ich eine Woche hier. Am Anfang war ich jeweils ganz allein, mittlerweile teile ich diese Zeit mit einer kleinen Gruppe von Gleichgesinnten. Schweigend. Um diese Jahreszeit gibt es noch kaum Wanderinnen, die in der Kühle der Kirche rasten. Um diese Jahreszeit finden hier kaum Begegnungen statt. Ich bin ganz allein mit mir in der Stille und harre aus.

Zu einer solchen Zeit der Stille gehören mehrere Stunden Meditation täglich. Daneben möglichst keine Impulse. Ich habe kein Buch mit dabei. Ich lese nicht in dieser Zeit. Ich versuche nicht nur äußerlich nicht zu sprechen, sondern auch innerlich zu schweigen. Nicht denken. Nicht grübeln. Nur dasitzen, da sein in der Gegenwart. Eine schlichte Zeit.

Eine innere Sehnsucht zieht mich immer wieder an diesen Ort und in solche Zeiten der Stille und des Alleinseins. Was dann dort aber jeweils passiert, ist nicht nur einfach. Manche Personen, die wissen, dass ich regelmäßig solche Zeiten verbringe, glauben, dass ich dort erhabene Erlebnisse oder tiefe Einsichten habe. So schließe ich jedenfalls aus ihrem Nachfragen. Doch dem ist nicht so. Im Alleinsein erlebe ich Zeiten großer Dunkelheit. Selbst mir sehr nahestehende Personen fragen mich bisweilen, warum ich mir solches immer wieder antue. Ich weiß es selbst nicht so genau. Aber eine innere Sehnsucht ruft mich. Es ist schwierig, darüber zu erzählen und zu schreiben. Aber es gehört einfach dazu. In der Abgeschiedenheit von Terra Vecchia bin ich ganz auf mich zurückgeworfen. Ich bin geneigt zu sagen: auf mich und Gott zurückgeworfen. Aber lassen wir Gott an dieser Stelle für einmal noch aus dem Spiel, denn so einfach ist es nicht mit ihr.

Wenn ich in die Stille gehe, erlebe ich meist eine wiederkehrende Abfolge von Phasen. In einer ersten Phase ist innerlich noch viel Betrieb. Ich fühle mich aufgekratzt, aufgewühlt, energiegeladen, erwartungsvoll, viele Gedanken gehen mir durch den Kopf. Der Alltag schwappt noch über und prägt die ersten Tage. In dieser Zeit bin ich meist damit beschäftigt, mein Denken und Grübeln aktiv abzustellen. Mich selbst zu unterbrechen. Denn denkend kann ich nicht schweigen.

Mit der Zeit kehrt äußerlich eine gewisse Ruhe ein. Mein Schritt verlangsamt sich. Ich habe meinen festen Tagesablauf mit Essens- und Meditationszeiten und achte auf viel Schlaf. Ganz ohne Struktur kann ich nicht allein sein. Aber ansonsten tue ich nichts. Ich muss niemandem Rechenschaft ablegen. Ich muss nichts leisten, nichts können, nichts wissen, nichts lernen. Einfach nichts. Außer Essen, Schlafen und Beten. Damit dies möglich ist, brauche ich selbstverständlich Brennholz, denn in der kleinen Einsiedelei, in der ich hause, etwas hinter der Kirche im Wald versteckt, gibt es keinen Strom. Also doch etwas Arbeit: Holz hacken, Feuer machen, kochen, essen, sitzen und schweigen. Das ist alles.

In der dritten Phase kommen die Ablenkungen. Ich beginne, mich mit Personen zu beschäftigen, die ich kenne und die mein Leben kreuzen oder kreuzten. Vergangene Konflikte kommen hoch. Wut, Enttäuschung und Verletzungen. Oder ich beginne mir Fantasien zu machen: Was noch alles getan werden könnte und müsste. Wie man die Welt verbessern könnte. Oder ich befasse mich mit der Umgebung, in der ich jetzt grad bin. Da und dort sehe ich Renovationsbedarf oder einen Platz, der gejätet oder wiederhergestellt werden sollte. Das eine oder andere Projekt schwirrt mir durch den Kopf oder etwas, worauf die ganze Welt wartet, dass es mir grad jetzt einfällt – denke ich. Es ist dies eine Phase voller Energie, aber auch mit Hang zum Größenwahn. Nicht zuletzt sind es vor allem Ablenkungen: Gedanken, Pläne, Ideen, die allesamt sicherlich nicht schlecht sind, aber zum jetzigen Zeitpunkt nicht angebracht. Sie lenken mich ab, weil ich schlecht aushalte, was sich jetzt anbahnt.

Die nächste Etappe nämlich ist – Leere. Wenn mich jemand fragte, warum ich immer wieder in die Stille gehe, und wenn ich „fromm" oder zumindest theologisch darauf antwortete, so würde ich sagen: Weil ich Gott suche und mir die Begegnung mit ihr erhoffe. Aber ehrlich gesagt: Von dieser Begegnung spüre ich unmittelbar meist nicht viel. Was stattdessen immer kommt, ist Leere. Eine schier unerträgliche Leere. Alles erscheint mir plötzlich sinnlos. Ich fühle mich als ein Nichts im Nichts. Die ganze Schönheit der mich umgebenden Natur, die ersten Blumen, die hoffnungsvoll durch die Grasdecke dringen auf den Weiden unter den Kastanien, die Handwerkskunst der wiederaufgebauten Häuser mit den detailreich ausgearbeiteten Erkern, Fenstersimsen, Böden, Balken, Säulen, Rundungen, Durchgängen und Sichtachsen: All das wird mir plötzlich unerträglich. Es macht mich aggressiv. Die Stille, das Zwitschern der Vögel, der Wind, der sanft durch die Bäume streicht, die Sonnenstrahlen, welche den

Frühling in dieser Gegend so mild machen im Gegensatz zu den noch immer langen und kalten Nächten: Es ist kaum zu ertragen. Ich fühle mich unschön, schlecht, nutzlos, unerträglich, überflüssig, allen im Wege. Ich kann nichts und bin nichts, mitten im Nichts. Das ist alles. Und da muss ich hindurch.

Ich glaube je länger, desto mehr: Auf diese Phase kommt es an. Ich kenne Menschen, die eine solche Leere erleben und mittendrin sagen können: Ich glaube an Gott; mein Glaube gibt mir Halt. Menschen, die in großer Dunkelheit scheinbar einfach so Halt finden in ihrem Glauben. Dieses Selbstverständliche des Glaubens macht mich stutzig und misstrauisch. Weil ich es so ganz anders erlebe. In dieser größten aller für mich denkbaren Dunkelheiten gibt es keine Rede von Gott. Wie sehr wünschte ich mir, dass ich in dieser Phase selbst sagen könnte: Ich bin gehalten und getragen. So wie beispielsweise Dietrich Bonhoeffer mitten im Konzentrationslager schreiben konnte: „Von guten Mächten treu und still umgeben, behütet und getröstet wunderbar." Oder wie der Psalmist schreibt: „Der Herr ist mein Hirte, mir wird nichts mangeln" (Ps 23,1). All das gibt es dann nicht. Ich bin dann haltlos und ungehalten. Diese Leere macht mich immer wieder neu fassungslos. Ich fühle mich energielos und äußerst erregt gleichzeitig. Und vor allem: Ich erlebe Gott in dieser Zeit als abwesend. Ich könnte nicht einmal sagen: als die große Unbekannte. Sondern abwesend. Nicht existent. Nichts. Und käme mir eine, die in dieser Phase mit solchen Glaubenssätzen käme, ich würde sie als frommes Geschwafel abtun. Ich kann nicht glauben, dass es diese Selbstverständlichkeit des Glaubens einfach so gibt.

Darum kann ich in dieser Dunkelheit auch nicht mit Worten beten. Kein Wort kann erfassen, was ich durchlebe. Es gibt keinen Trost in Worten. Das Einzige, was ich tun kann und tun will, ist ausharren und schweigen. Auf die Sicherheit meines Glaubens muss ich in dieser Phase verzichten.

Dunkle Stille auch als Lebensphase

Ich kenne diese dunkle Phase nicht nur als Abschnitt in der Stille oder den Exerzitien. Es gab eine solche Phase auch in meinem Leben – ja ich weiß nicht einmal so genau, ob sie eigentlich schon ganz vorbei ist. Vor einigen Jahren machte sich langsam und unbemerkt eine spirituelle Krise breit. Ich lebte meinen Alltag im Kloster und vollzog regelmäßig und ohne innere Zweifel auch unsere Gebetszeiten, die in verschiedenen Formen über unseren Tag und die Woche verteilt sind: Tagzeitengebete in Gemeinschaft, wöchentlich einen halben Wüstentag, jährlich Exerzitien und so weiter. Getreu dem Motto: Wer ein spirituelles Leben führen will, braucht dazu Zeit, und zwar mindestens eine Stunde im Tag, einen halben Tag in der Woche, eine Woche pro Jahr und alle paar Jahre eine größere Auszeit. Das habe ich gemacht über mehrere Jahre hinweg, mit innerer Überzeugung.

Und plötzlich merke ich, dass etwas auf der Strecke geblieben ist. Plötzlich merke ich, dass ich zu Gott bete mit Worten und Bildern, die mir seit langer Zeit vertraut sind, mit denen ich mich wohl fühle. Die ich teilweise dem Leben abgerungen habe. Andere wiederum sind mir zugefallen. Kaum etwas habe ich jedoch einfach so übernommen, „weil man es so macht". Es war ein gewachsenes, authentisches Beten. Und dennoch spürte ich plötzlich, dass es mich nicht mehr erfüllte und dass es nicht mehr erfüllt war. Es war Routine geworden. Die alten Gottesbilder: Sie waren mir noch immer vertraut. Es war mir noch immer wohl damit. Es war nichts Falsches daran, nichts, das ich nicht mehr unterschreiben konnte. Nichts, das ich nicht immer noch aktiv formulieren und hinter dem ich stehen konnte. Aber diese Bilder erfüllten mich nicht mehr. Sie nährten mich nicht mehr. Sie waren ausgelutscht und abgewetzt, wie aus einer anderen Zeit. Ich kam mir beim Beten manchmal vor, als würde ich eine alte Lieblings-CD aufsetzen und zu der Musik von damals tanzen. Natürlich war das noch immer meine Musik, mein Stil, und viele gute Erinnerungen waren damit verbunden. Aber es war nicht mehr gebetet. Es war bloß noch Nostalgie.

So fand ich mich also unversehens als leer gewordener Seelsorger wieder, noch dazu in einem Kloster, also an einem Ort, an dem diejenigen, die ich begleite, zu Recht eine spirituell erfüllte Existenz erwarten. Es kamen ja regelmäßig Personen zu uns, die in ihren Krisenzeiten auch Fragen des persönlichen Glaubens anschauen und sich dabei begleiten lassen wollten. Und mitten darin musste ich feststellen, dass ich selber spirituell nicht mehr genährt war. Ich fühlte mich geistlich plötzlich leer.

Eines hat mir diese Leere bewusst gemacht, genauso wie die manchmal erdrückende Stille in Terra Vecchia: Wie selbstverständlich ich meinen Glauben mit Gottesbildern geschmückt habe. Im Kopf war mir schon immer klar, dass man sich kein Bild von Gott machen soll und auch nicht machen kann. Ebenso klar war mir, dass wir nicht ganz ohne Bilder auskommen. Wir brauchen Texte, Lieder, Vorstellungen, die uns trösten, anregen, anstoßen, prägen und uns mit dem, was wir haben, nicht zufrieden sein lassen. Mir war auch bewusst, dass ich meine Bilder nicht fraglos von andern übernommen habe. Ich habe manche Hörner abgestoßen an althergebrachten Bildern, die mir überkommen schienen, während man von mir als Student oder Theologe oder Kirchenmitglied erwartet hat, dass ich es übernehme und aktiv tradiere. Das geht mir bis heute so. Ich habe aktiv eigene Bilder gesucht, althergebrachte Bilder versucht in die Gegenwart zu übersetzen, mich inspirieren lassen von Theologinnen, Mystikerinnen, Künstlerinnen, Musikerinnen und Schriftstellerinnen, die ihre Bilder anregend, sorgfältig und inspiriert formuliert haben. Ich habe dabei großen Wert gelegt auf Gerechtigkeit, Verlässlichkeit, Offenheit, die Option für die Armen und einen Blickwinkel, der sich generell eher am Rand ausrichtet als an der Mitte. So habe ich mir meine eigenen Bilder gemacht von Gott und mich in den Bildern anderer wiedergefunden und diese Bilder wiederum zu meinen eigenen Bildern gemacht. All das ging mehr oder weniger bewusst vonstatten.

Mir war aber nicht bewusst, wie ich diese meine Bilder für selbstverständlich nahm. Bei allem steten, kritischen Hinterfragen nahm ich meine eigenen Gottesbilder für so selbstverständlich, dass schließlich und unmerklich meine Bilder quasi an die Stelle Gottes getreten waren. Immer wieder maße ich mir an, von Gott reden zu können, in meinen Begleitungen, in meinen Gebeten und indem ich darüber schreibe. Die Krise der Stille und die biographische Krise in der Spiritualität haben mich gelehrt, dass das nicht (mehr) geht. Es gibt keine Rede von Gott. Jede Rede von Gott ist mir suspekt geworden.

Nicht die Bilder geben Halt

In dieses tiefste Schweigen hinein fällt die letzte aller Fragen: Gibt es Gott überhaupt? Könnte es nicht auch sein, dass es sie gar nicht gibt? Diese Frage ist die letzte, tiefste Leere, die sich mir immer wieder auftut. Es ist nicht eigentlich eine philosophische oder theologische Frage. Es ist für mich eine Frage der Existenz. Ich weiß es wirklich nicht. Natürlich kann ich über diese Frage nachdenken, so wie es schon viele vor mir getan haben, differenzierter und weiser, als ich es selbst tun könnte. Aber darum geht es nicht.

Ich spüre, dass ich meine Existenz aufs Spiel setze, wenn ich die Frage zulasse, ob es Gott gibt. Was, wenn nicht? Was, wenn mein Glaube eine einzige Illusion gewesen wäre? Mein Pfarrer in der Jugendzeit hat gerne die sogenannte Pascal'sche Wette zitiert. Dieses Argument des Philosophen Blaise Pascal besagt, dass es alleweil besser sei, an Gott zu glauben. Damit wäre man, sofern es sie gäbe, beim letzten Gericht auf der sicheren Seite. Sollte sich hingegen herausstellen, dass es Gott nicht gibt, wäre es ja egal, dass man an sie geglaubt habe.

Das ist mir zu billig. Mit einem solchen Glauben ist Gott nicht existenziell. Ich erlebe die Frage nach Gott aber als absolut existenziell. Ich habe alles in meinem bisherigen Leben auf den Glauben gesetzt. Meine Jugend war davon geprägt.

Mein Glaube hat mir schon damals ein Profil gegeben, weil ich unter meinen Gleichaltrigen in der krassen Minderheit war als einer, der den Religionsunterricht ernst genommen hat und sonntags regelmäßig zum Gottesdienst gegangen ist. Meine Berufsausbildung als Theologe ist selbstverständlich auf meinem Glauben gegründet und auch heute ist meine berufliche Existenz davon abhängig, dass ich einen Glauben habe. Es geht gar nicht ohne. Aber wenn es Gott nicht gibt?

Die Versuchung ist groß, auch bei dieser Frage die Abkürzung über die Macht zu nehmen. In meinen Schweigezeiten in Terra Vecchia ist die Versuchung groß, irgendwelche Sicherheiten zu suchen in Texten und Formulierungen, die da und dort zwischen Buchdeckeln gelagert sind. Irgendwo finden sich auch dort ein paar spirituelle Weisheiten. Zur Not könnte ich einfach die Bibel aufschlagen und nach Stellen suchen, die mich bestärken und mir Trost spenden. Oder ich erinnere mich zurück an Zeiten, in denen es mir besser ging, und versuche die Bilder hervorzukramen, die mir damals Halt und Orientierung gaben. Es ist die Flucht zurück in den Schoß des Althergebrachten, Ausgelutschten. Das führt aber nicht weiter. Das stockt.

An diesem Punkt der tiefsten Leere fühle ich mich denjenigen Menschen nahe, welche eine grauenhaft existenzielle Krise durchleben – Menschen, die ich als Gäste auf dem Sonnenhügel begleite. Dieser Punkt ist für mich gleichsam das spirituelle Pendant zum Ortswechsel der Arbeitergeschwister aus dem Pfarrhaus in die Fabrik. Es ist der Ortswechsel des frommen Theologen mit seiner Gott-Sicherheit in die äußerste Finsternis der gefühlten Gott-Abwesenheit. Diesen Punkt des absoluten Schweigens, der letzten, tiefsten Leere gilt es auszuhalten, ohne ihn mit Worten, Bildern oder anderen vermeintlichen Sicherheiten ausfüllen zu wollen. Es gibt keine Abkürzung.

Dann stellt sich möglicherweise etwas ein, das sich wiederum mit Worten kaum beschreiben lässt. Vielleicht Ruhen? Nicht Ruhe, sondern Ruhen. Sein. Da-Sein. Gottes Selbstoffenbarung erhält damit eine neue Dimension: Ich bin der: Ich bin da (Exodus 3,14). Oder wie es mein geistlicher Begleiter zuweilen formuliert: Die Wirklichkeit wirkt. Das ist keine Gewissheit, keine Erkenntnis. Aber doch eine Art Ahnung, dass etwas da ist. Dass etwas ist, das größer ist als ich. Mehr, als ich wahrnehmen kann. Mehr als alles, wie es Dorothee Sölle formuliert hat.[25] Etwas, das über mich hinausweist und wovon ich zugleich ein Teil bin. Gott in mir und ich in ihr. Das Einssein ist die Wirklichkeit; das Gefühl des Getrenntseins eine Illusion. Was da ist, ist vielleicht weniger Materie, wie ich es mir bisher vorstellte, sondern eher Beziehung.

Das ist eine Wirklichkeit, wie sie sich nicht festhalten lässt. Zart, schimmernd. Vielleicht vergleichbar mit einem seidenen Faden einer Spinne: kaum festzumachen, hauchdünn, verletzbar, aber zugleich belastbar und kostbar. Mit dieser für mich neuen Wirklichkeit lässt sich keine Kirche machen. Aber sie trägt. Immer wieder. Wenn ich mich denn darauf einlasse. Ich will nicht festlegen, ob es Gott nun gibt oder nicht. Die letzte aller Fragen bleibt offen, unbeantwortet. Wenn ich durch dieses Dunkel des Nichtwissens hindurchgehe ohne Abkürzung, spielt die Frage am Ende aber keine Rolle mehr. Ich lebe in kleinen Schritten in die Antwort hinein.

Zu dieser Antwort gehört auch, dass die althergebrachten Bilder zurückkehren. Ich möchte nicht behaupten, dass meine oben genannte spirituelle Krise überwunden ist. Aber ich bediene mich teilweise wieder neu der alten Bilder, die mich schon früher getragen haben. Die vertrauten Bilder kehren zurück, aber verwandelt. Es sind dieselben Bilder, die mich tragen, gerade weil sie nicht mehr gleich sind. Sie haben sich neu gefüllt mit Inhalt – oder sie sind den Bach hinuntergegangen. Bilder, die nicht mehr tragen und die sich nicht neu mit Inhalt füllen, lasse ich los. Ich brauche sie nicht mehr. Sie führen mich nicht mehr weiter. Andere, neu gefüllte Bilder tragen mich weiter. Sie spenden Trost und Halt. Wobei es – und das ist der alles entscheidende Unterschied – nun nicht mehr die Bilder selbst sind, welche mir Halt geben. Sondern die Bilder drücken lediglich aus, was oder wer mir Halt gibt.

Das ist ein fundamentaler Perspektivenwechsel. Vorher habe ich die Bilder und die Rede über Gott für absolut gehalten. Somit war Gott ein Teil meines Machbarkeitswahns. Ich glaubte, Gott stünde mir zur Verfügung. Nun bediene ich mich der Bilder, mit deren Hilfe ich das, was mir gerade nicht zur Verfügung steht, auszudrücken versuche.

Dieser Wechsel kann, glaube ich, nicht gelingen, wenn ich mich nicht in die Tiefen meiner Ohnmacht hinablasse. Erst wenn ich mein letztes Halten aufgeben und mich ins Vertrauen stürzen kann, kann ich erfahren, ob da ein Urgrund ist, der mich trägt. Darum ist Ohnmacht kein Scheitern, sondern eine Chance. Ohnmacht ist keine Bedrohung, sondern eine Einladung. Von dort aus, wo ich nicht mehr Herr der Lage bin, wächst uns das Leben immer neu entgegen. Ohnmacht ist die Türöffnerin, damit Gott in mein Leben eintreten und ich so ganz Mensch werden kann. Immer wieder: Ich in ihr und sie in mir. Das ist im Grunde ganz leicht. Aber nicht einfach.

Wenn das hier auch anders daherkommen mag: Auch für mich, der ich darüber nachsinne und schreibe, ist dieses Aushalten der Ohnmacht alles andere als eine Selbstverständlichkeit. Es bleibt ein ständiges Ringen, gekoppelt mit dem ständigen Gefühl des Unvermögens. Mal mehr, mal weniger. Aber solange wir an unsere menschlichen Grenzen gebunden sind, werden wir die Versuchung nicht los, die Ohnmacht mit Macht zu umgehen. Wenn es mir gelungen ist, mit diesem Buch den Wert der Ohnmacht anders zu beleuchten, habe ich mein Ziel erreicht – auch für mich selber. Wir bleiben Übende.

Anmerkungen

Vorwort

1 Dorothee Sölle und Fulbert Steffensky: Mystik und Widerstand, Freiburg 2014.
2 Frère Roger: Kampf und Kontemplation. Auf der Suche nach Gemeinschaft mit allen, Freiburg 1983.

Einleitung

1 Luise Reddemann, Sylvia Wetzel: Der Weg entsteht unter deinen Füssen. Achtsamkeit und Mitgefühl in Übergängen und Lebenskrisen, Freiburg, Basel, Wien 2018, S. 32.
2 Ulrike Wagner-Rau: Schwierige Ohnmacht. feinschwarz.net vom 26. März 2020: www.feinschwarz.net/schwierige-ohnmacht (abgerufen am 6.1.2022).
3 Vgl. www.sonnenhuegel.org.
4 Es ist uns wichtig, dass alle ausdrücklich spirituellen Elemente in unserem Tagesablauf für die Gäste freiwillig sind. Es gibt viele Gäste, welche nicht aus einer religiösen Motivation, sondern aufgrund einer sozialen oder psychischen Krise zu uns kommen. Wir dürfen die Notsituation solcher Gäste nicht für spirituelle oder religiöse Zwecke missbrauchen, indem wir etwa ihre Teilnahme an unseren Gebetszeiten erwarten. Diesbezüglich ist uns eine große Sensibilität wichtig. Für uns in der Kerngemeinschaft hingegen und für manche unserer Gäste, welche bewusst den Sonnenhügel für eine Auszeit wählen, ist die gemeinsame und im Alltag gelebte Spiritualität ein tragendes Fundament, gerade auch weil diese Spiritualität darauf ausgerichtet ist, unsere eigenen Grenzen zu erkennen und anzuerkennen.
5 Es gibt verschiedene kontemplative Ansätze. Persönlich geprägt bin ich vom Weg des Jesuiten Franz Jalics, vgl. Franz Jalics: Kontemplative Exerzitien. Eine Einführung in die kontemplative Lebenshaltung und in das Jesusgebet, Würzburg 2006.
6 Hans-Peter Dürr: Teilhaben an einer unteilbaren Welt. Das ganzheitliche Weltbild der Quantenphysik; in: Gerald Hüther, Christa Spannbauer (Hg.): Verbundenheit. Warum wir ein neues Weltbild brauchen, Bern 2018, S. 25–26.

Erster Teil: Helfen ist Macht

1 Vgl. www.nytimes.com/2021/12/09/opinion/sufferer-stranger-pain.html (abgerufen am 6.1.2022).
2 Ruth Näf Bernhard: Vielleicht ist es so, Winterthur 2012, S. 58.

Zweiter Teil: Macht hilft nicht

1 Andreas Knapp: Brennender als Feuer. Geistliche Gedichte, Würzburg 2012, S. 70.
2 Vgl. auch Franz Jalics (siehe Anm. 5, Einleitung), S. 61.
3 An dieser Stelle muss aber auch erwähnt sein, dass längst nicht alle Spender und Spenderinnen so denken. Ganz viele verstehen unseren Ansatz der Hilfe, wie ich ihn im Folgenden beschreibe, sehr wohl.
4 Vgl. www.de.wikipedia.org/wiki/Arbeiterpriester (abgerufen am 6.1.2022) und www.arbeitergeschwister.wordpress.com (abgerufen am 6.1.2022).
5 Elisabeth Bernet: Bleib stehen es fällt ein Stern zur Erde, Chabrey 2009, S. 25.
6 Vgl. Andreas Knapp: Vom Segen der Zerbrechlichkeit. Grundworte der Eucharistie, Würzburg 2018, S. 138.
7 Andreas Knapp (siehe Anm. 6), S. 131.

Dritter Teil: Ohnmacht macht nichts

1 Luise Reddemann, Sylvia Wetzel (siehe Anm. 1, Einleitung), S. 12.
2 Vgl. etwa Richard Rohr: Adams Wiederkehr. Initiation und Männerspiritualität, München 2013.
3 Richard Rohr: Alles trägt den einen Namen. Die Wiederentdeckung des universalen Christus, Gütersloh 2019, S. 35.
4 Martina Kreidler-Kos, Niklaus Kuster: Bruder Feuer und Schwester Licht. Franz und Klara von Assisi: zwei Lebensgeschichten im Dialog, Ostfildern 2021, S. 73.
5 Vgl. Franz Kamphaus: Der Schatz im Tongefäß. Warum wir stark sind, wenn wir schwach sind, Ostfildern 2019, S. 151.
6 Vgl. Martina Kreidler-Kos, Niklaus Kuster (siehe Anm. 4), S. 196.
7 Jacqueline Keune: Scheunen voll Wind. Gebete und Gedichte, Luzern 2016, S. 63.
8 Vgl. Richard Rohr (siehe Anm. 3), S. 118.
9 Andreas Knapp (siehe Anm. 1, Zweiter Teil), S. 24.
10 In den USA werden Sackgassen mit einem Schild mit der Aufschrift „no-way“ signalisiert.
11 Franz Jalics (siehe Anm. 5, Einleitung), S. 87–88.
12 Für medizinisch Interessierte: Soweit ich mich zurückerinnern kann,

war von einer „selektiven Wachstumsretardierung aufgrund einer partiellen Plazentainsuffizienz, möglicherweise kombiniert mit dem Zwillingstransfusionssyndrom“ die Rede. Aber ehrlich gesagt haben wir uns als werdende Eltern nicht allzu sehr mit medizinischen Fachbegriffen auseinandergesetzt. Darum möchte ich dafür keine Gewähr übernehmen.

Vierter Teil: Ohnmacht üben

1 Andreas Knapp: Ganz knapp, Würzburg 2020, S. 16.

2 Luise Reddemann: Eine Reise von 1000 Meilen beginnt mit dem ersten Schritt. Seelische Kräfte entwickeln und fördern, Freiburg 2008.

3 Vgl. Tomás Halík: Glaube und sein Bruder Zweifel, Freiburg 2017.

4 Unser hausinternes Liederheft setzt sich unter anderem zusammen aus Liedern aus Taizé, aus der Orthodoxie, von der Iona-Community von Huub Oosterhuis und von Helge Burggrabe.

5 Dieses Kapitel verdanke ich zu wesentlichen Teilen meiner Frau Sandra Schmid Fries. Es ist eine überarbeitete Fassung eines Artikels, welcher erstmals im Dezember 2018 im Rundbrief vom Sonnenhügel erschienen ist.

6 Vgl. Elisabeth Lukas: Lehrbuch der Logotherapie. Menschenbild und Methoden, München, Wien 2006, S. 20.

7 Zu religiösen Reifungsschritten vgl. Marion Küstenmacher, Tilmann Haberer, Werner Tiki Küstenmacher: Gott 9.0. Wohin unsere Gesellschaft spirituell wachsen wird, Gütersloh 2010; www.gott90.de (abgerufen am 6.1.2022).

8 www.duden.de/rechtschreibung/horchen (abgerufen am 6.1.2022).

9 Dietrich Bonhoeffer: Barcelona, Berlin, Amerika. 1928–1931. München 1991.

10 Vgl. www.biosphaere.ch (abgerufen am 6.1.2022).

11 Vgl. Andreas Ebert: Die Spiritualität des Enneagramms, München 2008.

12 Viktor E. Frankl: Der leidende Mensch. Anthropologische Grundlagen der Psychotherapie, Bern 2005, S. 152.

13 Thomas Merton: Ein Tor zum Himmel ist überall. Inspirationen, Freiburg, Basel, Wien 2008, S. 82.

14 Vgl. Lukas Fries-Schmid: Brot gegen Burnout; in: Bruno Dörig: Brot-Zeiten. Was wir brauchen, um zu leben, Eschbach 2020, S. 35–38.

15 Vgl. www.wie-gehts-dir.ch/impulse-fuer-die-psyche (abgerufen am 6.1.2022).

16 Vgl. Franz Jalics (siehe Anm. 5, Einleitung), S. 183.

17 Vgl. Albert Nolan: Radikale Freiheit. Jesu Spiritualität im Blick unserer Zeit, Oberursel 2018, S. 107.

18 Andreas Knapp (siehe Anm. 1, Zweiter Teil), S. 10.

19 Wenn ich „die Kirche“ schreibe, meine ich konkret die römisch-katholische Kirche in der Schweiz oder allenfalls im Westen, zu der ich gehöre, mit der ich mich (bei aller Kritik) identifiziere und an deren Zustand ich leide. Bestimmt sind meine Beobachtungen in Ansätzen auch auf andere Kirchen und Länder übertragbar, doch das würde den Rahmen dieses Buches sprengen.

20 Zum ersten Mal hat Papst Franziskus im Oktober 2014 soziale Bewegungen nach Rom eingeladen. Vgl. das Grußwort dazu: Ansprache von Papst Franziskus an die Teilnehmer des internationalen Treffens der Volksbewegungen, www.vatican.va/content/francesco/de/speeches/2014/october/documents/papa-francesco_20141028_incontro-mondiale-movimenti-popolari.html (abgerufen am 6.1.2022).

21 Stephan Jütte: Lasst uns wenigstens trauern … RefLab vom 10. Juni 2021: www.reflab.ch/lasst-uns-wenigstens-trauern (abgerufen am 6.1.2022).

22 Dieter Berg, Leonhard Lehmann (Hg.): Franziskus-Quellen. Die Schriften des Heiligen Franziskus. Lebensbeschreibungen, Chroniken und Zeugnisse über ihn und seinen Orden, Kevelaer 2014, S. 307.

23 Wunibald Müller: Warten auf G. Bekenntnisse eines Suchenden, Würzburg 2019, S. 118–119.

24 Ritiro Terra Vecchia – Rückzugsort im Centovalli, vgl. www.ritiro.ch (abgerufen am 6.1.2022).

25 Dorothee Sölle: Es muss doch mehr als alles geben. Nachdenken über Gott, Freiburg, Basel, Wien 2006.